Helga Schimmer
Gelegenheit macht Mörder

Helga Schimmer

Gelegenheit macht Mörder

Authentische Kriminalfälle

MILITZKE

Militzke Verlag Reihe S

Bibliografische Information der Deutschen Nationalbibliothek:
Die Deutsche Nationalbibliothek verzeichnet diese Publikation in der deutschen Nationalbibliografie; detaillierte bibliografische Angaben sind im Internet über http://dnb.ddb.de abrufbar.

Lektorat: Sabine Necker, Siegfried Kätzel
Layout und Satz: Jeanette Frieberg
Gesetzt aus der New Baskerville und der Stone Sans
Umschlaggestaltung: Thomas Butsch
unter Verwendung eines Fotos von Nick Fingerhut, Panthermedia
Druck und buchbinderische Verarbeitung:
Elbe Druckerei Wittenberg GmbH

Printed in Germany
ISBN 978-3-86189-642-5

Besuchen Sie den Militzke Verlag im Internet unter:
http://www.militzke.de

INHALT

Vorwort

Die in diesem Buch beschriebenen Fälle haben sich tatsächlich zugetragen. Die Darstellung folgt im Wesentlichen den Abläufen der Ereignisse. Die handelnden Personen sind trotzdem nicht mit realen Personen identisch. Alle Biografien wurden literarisch gestaltet, alle Namen von Tätern, Opfern, Zeugen, Kriminalbeamten und Gerichtsmedizinern wurden geändert. Eventuelle Namensgleichheiten mit Unbeteiligten sind zufällig und ohne jede Absicht.

Mein Dank gilt all jenen, die mir bei meinen Recherchen hilfreich zur Seite standen, deren Inkognito jedoch aus begreiflichen Gründen gewahrt bleiben muss. Dennoch möchte ich an dieser Stelle wenigstens zwei Helfern namentlich danken: Christian für seine unglaubliche Geduld und Rosina für ihren robusten Magen.

Übrigens halt ich 's mit Karl Kraus: Was Deutschland von Österreich trennt, ist die gemeinsame Sprache. Die am Ende eingefügten Erläuterungen könnten in dieser Hinsicht nützlich sein.

Helga Schimmer, im Juni 2005

EINSTIMMUNG
oder
Mit Kohlestaub und Jagdinstinkt

Mittagspause. Drei leger gekleidete Männer sitzen auf behaglichen Sofas im Sozialraum und trinken Kaffee. Ich nehme, ebenfalls Kaffee trinkend, in ihrer Runde Platz. Mein Blick wandert durchs Zimmer: Espressomaschine, Mikrowellenherd, Kühlschrank, an der Pinnwand das Plakat eines Wäscheherstellers – weibliche Schönheit mit einem Hauch von Nichts am Leib. Durchaus übliche Ausstattung für einen Pausenraum einer Männerpartie, denke ich.

Dann fällt mein Blick auf das Aquarium, in dem sich einige Guppys und Segelflosser tummeln. Auf dem Kiesboden ist ein Miniatur-Boot gestrandet, mit einem sitzenden menschlichen Skelett darin. Einer der Männer bemerkt, was ich entdeckt habe. Er lächelt schelmisch und sagt: »Der ist zu langsam gerudert.«

Taktlos, meinen Sie? Ein zu makaberer Scherz für ein gemütliches Beisammensein? – Kann ich nicht nachfühlen.

Wir befinden uns im ersten Stock der ehemaligen k & k Deutschmeister-Kaserne im dritten Wiener Gemeindebezirk. Hier ist die Tatortgruppe der Kriminalabteilung des Landesgendarmeriekommandos für Niederösterreich, kurz KA-NÖ, untergebracht. Wann immer im Land ein Mord passiert oder das Ableben eines Menschen unerklärlich ist, rücken besagte Männer aus, um jeden Winkel mit ihren Spezialgeräten auszuleuchten, Türen, Möbel und Lichtschalter mit Kohlestaub zu bepinseln, Fasern und Haare auf Klebebändern zu sichern.

Sie halten akribisch alle Einzelheiten fest, weil selbst eine scheinbar unbedeutende Kleinigkeit den Täter entlarven kann. Wie etwa jenen Mörder, der sich für schlau hielt und Gummihandschuhe überzog. Ihm blieb verborgen, was die Spurensicherer mit ihren UV-Lampen aufspürten: ein nur millimetergroßes, von der Fingerkuppe abgerissenes Gummistückchen, auf dem genügend Schweiß haftete, um den Schuldigen mittels DNA-Tests zu überführen.

Mit ihren gründlichen und innovativen Arbeitsmethoden haben die Kriminalisten der niederösterreichischen Tatortgruppe in Fachkreisen Maßstäbe gesetzt. Das Beispiel einer stark skelettierten Frauenleiche, die an der Grenze von Wien und Niederösterreich gefunden wurde, veranschaulicht den Erfolg des Teams. Zunächst hatte die Wiener Polizei die Identität der Toten nicht ermitteln können. Später wurde entschieden, dass der Fall in die Zuständigkeit Niederösterreichs fällt. Die hiesigen Spurensicherer konnten trotz der fortgeschrittenen Verwesung der Leiche noch Fingerabdrücke nehmen, welche schließlich die Identität der Frau preisgaben.

»Wir haben uns halt ein bisschen gespielt«, untertreibt Martin Hallmer, stellvertretender Leiter der KA-Tatortgruppe. Eine Geduldsprobe, die den Qualitätsunterschied macht, denn man fordert den Einsatz der niederösterreichischen Tatort-Experten über die Landes- und Staatsgrenzen hinaus an. Unter anderem holt sich das deutsche Bundeskriminalamt immer wieder Rat vom KA-Team, und im November 2000 übernahmen die Niederösterreicher die Spurensicherung in Kaprun. Beim Brand im Tunnel der Standseilbahn des Salzburger Skiortes waren 155 Menschen gestorben, darunter auch viele Kinder und Jugendliche.

»Manchmal geht unsere Arbeit an die Grenzen des physisch und psychisch Erträglichen«, sagt Martin Hallmer. »Es gibt Kollegen, die von einem Tag auf den anderen keine Leichen mehr sehen können und ihren Job aufgeben müssen.«

Auch Friedrich Grabmann, langjähriger Leiter der Tatortgruppe und seit 15 Jahren pensioniert, erinnert sich an das Problem. »Für mich waren die Zugunglücke am schlimmsten, und die Kinder.« Grabmann erzählt von einem Fall im Waldviertel, bei dem ein Mann seine Frau erdrosselte, ihren Selbstmord durch Erhängen vortäuschte und anschließend das gemeinsame Baby in der Badewanne ertränkte. »Es war schrecklich.« Doch auch hier führte die Genauigkeit der Spurensicherer den Schuldigen seiner gerechten Strafe zu. Im Bett der Ermordeten fanden sich winzige Blutstropfen, die beim Drosselakt durch Mund und Nase des Opfers ausgetreten waren.

Wann immer ambitionierte Tatortbeamte solche Erlebnisse schildern, zeigt sich ein Funkeln in ihren Augen. Deutlich kann man ihren Jagdinstinkt spüren, ihren brennenden Ehrgeiz, einen Täter zu überführen.

»Jeder von ihnen ist ein Königstiger, denn kreative Arbeit ist gefordert«, sagt Oberst Rudolf Benda, Leiter der KA-NÖ, über seine Mitarbeiter. Trotzdem will er Einzelleistungen nicht hervorheben. »So wie bei ›Quincy‹ läuft es in Wirklichkeit nicht. Worauf es ankommt, ist die gute Zusammenarbeit im Team.«

Szenenwechsel. Rennweg-Kaserne, zweiter Stock. Eine verborgene weiße Tür führt zu den Büroräumen eines anderen Ermittlungsbereiches. Die Kriminalbeamten hier vernehmen Menschen, die eine schwere Straftat begangen haben: die Frau, die ihren Ehegatten erschossen, den Mann, der ein Kind erwürgt, die Mutter, die ihr Neugeborenes erstickt, den Sohn, der seine Eltern erstochen hat.

Wird eine solch grausame Bluttat entdeckt, reagiert die Öffentlichkeit mit fassungslosem Entsetzen. Wie konnte das geschehen?, fragen sich viele. Wie kann jemand derart »ausrasten«?

In der Tagespresse ist dann häufig verallgemeinernd von aufgestautem Hass als Motiv zu lesen. Nur wenige durchdringen die Oberfläche und versuchen zu ergründen, was diese Mörder wirklich zu ihren Taten getrieben hat.

Die Kriminalisten vom Sachbereich Leib, Leben und Gesundheit, landläufig Mordgruppe genannt, tun es. Sie bemühen sich festzustellen, was diesen Tätern widerfahren ist, dass ihr Hass oder ihre Not schließlich in Mord gipfelte. Sie tun es unter anderem deshalb, weil unser Rechtssystem der Menschlichkeit Rechnung trägt. Während man etwa im anglikanischen Raum das Strafausmaß ausschließlich nach der Schwere der Tat bestimmt und dafür ähnliche Fälle miteinander vergleicht, lässt das österreichische Strafrecht Milderungsgründe gelten (§ 34 StGB). Staatsanwälte und Richter hierzulande bemessen die Schuld eines Täters genau. Und damit dies überhaupt möglich ist, rollen Kriminalisten dessen Lebensgeschichte auf.

Doch wie dem Täter das Entscheidende entlocken?

Analog zur Tatortarbeit sind es auch im Verhör oft die Details am Rande, die den Schuldigen verraten. »Je intelligenter einer ist, desto eher geht er uns auf den Leim«, behauptet Rudolf Benda.

Ich finde das erstaunlich und erkundige mich genauer.

»Weil er erklärt, hinterfragt, ablenkt«, erhalte ich zur Antwort. »Ein kompliziertes Lügengebäude bricht leicht zusammen. Früher oder später überblickt er die Situation nicht mehr.«

Ein Vernehmungsspezialist, erläutert Benda, zeichne sich durch eine besondere Merkfähigkeit und eine für Normalbürger mitunter schwer nachvollziehbare Logik aus. Ihm fallen völlig nebensächliche Äußerungen auf, die er im Hinterkopf behält und im richtigen Moment hervorschnellen lässt. Friedrich Grabmann bringt es auf den Punkt: »Ein guter Kriminalist muss ein größerer Pülcher sein als der gerissenste Verbrecher.«

Auch Grabmann hebt hervor, wie moderne Kriminalistik funktioniert: niemals in Alleingängen, sondern stets im Teamwork.

Sie sind also hautnah am abscheulichen Geschehen, die Experten der Kriminalabteilung für Niederösterreich. Und wie verarbeiten sie selbst die menschlichen Tragödien?

Die Aussprache unter Kollegen ist für viele die wichtigste Bewältigungsstrategie: das oftmalige Schildern der intensiven Erfahrungen beim Bier nach der Arbeit oder auf der gemeinsamen Heimfahrt. Auch die Ehepartner(innen) sollten eine robuste Natur haben und das rechte Verständnis aufbringen.

Wer nahezu täglich die Resultate brutaler Gewalt vor Augen hat, behilft sich obendrein mit Galgenhumor. Er spaßt in einer Weise, die dem Außenstehenden derb erscheinen mag. Das Miniatur-Skelett im Aquarium – vergleichsweise harmlos. Eine verständliche kleine Koketterie mit der dienstlichen Pflicht.

EIN »NUR« ZU VIEL
oder
Kann man seinen Mörder heranerziehen?

Es war Donnerstag viertel zwei Uhr nachts, als Dominik Traugott von einem Lokalbummel mit seinen Freunden heimkam. Der fesche, unternehmungslustige junge Mann bewohnte die Mansarde im Einfamilienhaus seiner Eltern. Er sperrte die Eingangstür auf und betrat das Vorzimmer. Gleich fiel ihm auf, dass etwas nicht stimmte: Der Schrank, in dem der Wandtresor eingebaut war, stand offen. Drei Kleiderbügel und der Wintermantel der Mutter lagen auf dem Boden.

Um den Eltern seine Rückkehr zu melden, ging Dominik in deren Schlafzimmer. Was er dort vorfand, würde wohl den härtesten Burschen erschauern lassen. Die Mutter lag diagonal auf dem Doppelbett in einer Blutlache, der Vater blutüberströmt auf dem Spannteppich. Dominik berührte den Fuß seines Vaters. Er war steif und kalt.

Sofort lief der junge Mann ins Arbeitszimmer. Hier sah er, dass jemand den Kasten aufgebrochen, die Laden herausgerissen und persönliche Dokumente, Kontoauszüge und Sparbücher auf dem Fußboden verstreut hatte. Dominik griff zum Telefon, wählte die Notrufnummer der Polizei und flüchtete sich ins Nebenhaus.

Die Beamten der Stadtpolizei trafen den jungen Mann in der Küche der Nachbarin an. Sie pflegte ein freundschaftliches Verhältnis zum Sohn des Ehepaares Traugott, den sie seit seiner Kindheit kannte. Dominik besuchte sie öfters, um mit ihr zu plaudern oder eine Zigarette zu rauchen. Jetzt hatte die besorgte Frau ihm ein Glas Wasser zur Beruhigung gegeben. Er wirkte aufgelöst und klagte: »Meine Eltern, meine Eltern.« Die Polizisten schalteten die Kriminalabteilung für Niederösterreich (KA-NÖ) ein.

In den frühen Morgenstunden kam ein zehnköpfiges Untersuchungsteam von Kriminalisten der Tatort- und der Mordgruppe auf dem ausgedehnten Grundstück der Familie Traugott an. Die durch Bewegungsmelder aktivierten Scheinwerfer beleuchteten das stattliche Haus und den umgegrabenen Garten mit halbfertigem Swimmingpool.

Nachdem die Kriminalisten alle Fenster und Türen vergeblich nach Aufbruchspuren abgesucht hatten, bahnten sie sich durch Vorraum und Flur ihren Weg ins Schlafzimmer. Dabei rollten sie Papier aus, um vorhandene Fußabdrücke nicht durch die eigenen zu verfälschen.

Sie fanden das Schlafzimmer aufgeräumt und ohne Spuren einer Durchsuchung vor. Beide Tote lagen auf dem Rücken. Ihre Verletzungen zeugten von erschreckender Brutalität. Zahlreiche Hieb- und Stichwunden entstellten ihre Köpfe, Gesichter, Hals- und Brustbereiche. Auffällig war, dass der Mörder der Frau in beide Augen gestochen hatte.

Es gab keine Anzeichen von Gegenwehr, nichts deutete auf einen Kampf hin. Lediglich der linke Daumengrund des Vaters wies eine Schnittwunde auf – eine Abwehrverletzung. Nun war klar: Das Ehepaar musste von mehr als einem Täter im Schlaf überrascht worden sein.

Die zwei Körperwaagen, die neben dem Kopf des Mannes lagen, hätten zu einem falschen Schluss verleiten können. Doch die Tatortbeamten erkannten am Bild der Blutspuren, dass die Waagen nicht als Hiebwaffe gedient hatten.

Im Esszimmer stießen die Ermittler auf ein, wie sich später herausstellte, wichtiges Indiz. Auf dem Tisch lag ein Schreiben des Städtischen Krankenhauses, aus dem hervorging, dass die Eheleute drei Tage zuvor, am Montag, wegen Verdachts auf Lebensmittelvergiftung in ambulanter Behandlung gewesen waren.

Helmut und Dagmar Traugott waren in der Nacht von Dienstag auf Mittwoch ermordet worden. Sie waren seit mehr als 24 Stunden tot. Dies bestätigte der Gerichtsmediziner, der gegen sieben Uhr morgens eintraf. Mit welcher Grausamkeit die Täter vorgegangen waren, lässt sich aus seinem Bericht über die Obduktion ersehen, die er noch am Donnerstag vornahm: etliche Rissquetschwunden an den Schädeln der Opfer; Messerstiche, die bis 15 Zentimeter tief in Gehirn, Herz und Lunge eingedrungen waren.

Hätten Fremde derart barbarisch gehandelt? Diese Frage drängte sich den Ermittlern auf. Und noch ein anderes Faktum erweckte ihren Argwohn: Die Täter mussten im Besitz eines Hausschlüssels gewesen sein.

Während die Beamten der Tatortgruppe Blutspuren sicherten, Faserproben entnahmen und Werkzeugschrammen vom aufgebrochenen Kasten abformten, saßen die Kriminalisten der Mordgruppe in einem Büro der Stadtpolizei Dominik Traugott gegenüber. Sie wussten vom Verdacht ihrer Kollegen, die ein Naheverhältnis zwischen Opfern und Tätern für wahrscheinlich hielten, und fragten sich ihrerseits: War Dominik wirklich der leidende Sohn?

Zunächst erkundigten die Ermittler sich, was er an den letzten drei Tagen getan hatte. »Am Montagabend klagten meine Eltern über starke Übelkeit«, gab der junge Mann zu Protokoll. »Sie sind ins Krankenhaus gefahren, bald zurückgekommen und zu Bett gegangen. Ich legte mich in meiner Mansardenwohnung schlafen.«

Selbstsicher fuhr er fort: »Am Dienstagmorgen bin ich gegen halb zehn aufgestanden. Meine Eltern, die beide Lehrer sind, haben sich krank gemeldet und den Tag zuhause verbracht. Ich ging dann zu einem Freund. Wir hatten verabredet, blau zu machen und in ein ungarisches Spielkasino zu fahren. Zwei andere Freunde sind auch mitgekommen. Um elf Uhr nachts kehrten wir zurück und setzten uns noch in eine Bar hier in der Stadt. Gegen zwei Uhr früh kamen wir dann auf die Idee, wieder nach Ungarn zu fahren und einen Nachtclub zu besuchen. Wir blieben bis zur Sperrstunde am Mittwochmorgen dort, fuhren anschließend heim, und ich schlief in der Wohnung meines Freundes.«

»Warum sind Sie nicht nach Hause gegangen?«, hakten die vernehmenden Beamten nach.

»Ich war zu müde«, kam es prompt zurück. »Außerdem habe ich meinen Schlüsselbund bei meinem Freund gelassen.«

»Wieso denn das?«

»Weil ich ihn nicht gern nach Ungarn mitnehme. Dort ist in unser Ferienhaus eingebrochen worden, und danach war der Schlüssel meines Vaters weg – der Schlüssel unseres Hauses hier.«

Am Mittwoch um zirka zwei Uhr nachmittags wäre er in der Wohnung des Freundes aufgewacht, berichtete Dominik weiter. Er wäre zu seiner Freundin gefahren, die die Berufsschule für Friseure besucht, und hätte den Abend wieder mit den drei Freunden in einem Lokal in der Stadt verbracht. Beim Nachhausekommen hatte er den Mord an seinen Eltern entdeckt.

»Wer sind die Freunde?«, interessierte die Kriminalisten.

Dominiks Antwort: »Hannes Kogl, Ivan Jagschitz und Sascha Schindler.«

Schon waren Beamte zu den Burschen unterwegs, um sie ebenfalls aufs Polizeirevier zu bringen.

Währenddessen machten die Ermittler sich ein Bild von der Persönlichkeit des jungen Mannes. Dass er intelligent war, wussten sie bereits.

»Ich lebe seit meiner Geburt bei meinen Eltern«, erzählte Dominik. »Nach Matura und Bundesheer hab' ich ein Semester lang an der Universität studiert. Ich wollte aber Geld verdienen, hab' das Studium aufgegeben und ein halbes Jahr als Bankangestellter gearbeitet. Dann kündigte ich, weil ich Lehrer werden wollte. Derzeit studiere ich an der Pädagogischen Akademie. Zu meinen Eltern hatte ich ein gutes Verhältnis.«

Von nahezu allen befragten Verwandten und Bekannten der Familie Traugott hörten die Kriminalisten im Laufe des Donnerstags jedoch genau das Gegenteil. Der Onkel sprach von Spannungen zwischen Dominik und seinen Eltern, ein ehemaliger Freund von massivem Streit, die Ex-Freundin, die Dominik über einen Chat-Room im Internet kennen gelernt hatte, von zu Bruch gegangenen Möbeln und Tätlichkeiten zwischen Vater und Sohn. Dem Mädchen gegenüber hatte Dominik auch seinen Mordfantasien freien Lauf gelassen. »Über der Badewanne hätte er die Eltern ausbluten wollen, dann zerstückeln und vergraben oder über die WC-Spülung entsorgen.«

»Dominik hat mir gegenüber dreimal erklärt, dass er seine Eltern am liebsten umbringen möchte«, sagte ein weiterer früherer Freund. »Aber das war mehr so im Spaß, ich hab' das nicht ernst genommen.«

Nur Spaß in jugendlichem Übermut? Bedauernswerter Sohn oder niederträchtiger Elternmörder? Die Wahrheit zu finden, war für die Ermittler eine moralische Zerreißprobe. Einerseits widerstrebte ihnen, einen schuldlosen Angehörigen unnötig zu quälen, andererseits trieb sie das starke Verlangen, einen Verbrecher seiner verdienten Strafe zuzuführen.

Als die Verdachtsmomente sich häuften, beschloss man, dranzubleiben.

Der mittlerweile pensionierte Kriminalbeamte Rudolf Schuster von der zuständigen KA-Außenstelle erinnert sich: »Da waren diese seltsamen Spuren am Tresor, der heruntergerissene Mantel, die verstreuten Kleiderbügel, das hat irgendwie unbeholfen ausgesehen. Mir ist sofort der Gedanke gekommen: Da war kein Fachmann am Werk, jemand hat die Spuren gelegt.«

Dem erfahrenen Kriminalisten und einem jüngeren Kollegen wurde die Aufgabe zugeteilt, Dominiks Freund Hannes Kogl zu vernehmen. Sie klingelten an dessen Wohnungstür. Der Bursche öffnete in Unterhosen.

»Grüß Gott. Kriminalpolizei. Wir würden gern mit Ihnen reden.«

»Kommen S' rein«, erwiderte Kogl und führte die Beamten bereitwillig ins Wohnzimmer. Um sieben Uhr früh. Ohne nachzufragen, worum es eigentlich ging.

»Ziehen Sie sich erst einmal was an«, empfahl Schuster.

Plötzlich regte sich etwas unter dem zerknüllten Bettzeug. Schuster reagierte rasch, lüftete die Decke und erblickte ein unbekleidetes Mädchen, das unverzüglich die Erklärung parat hatte: »Dominik hat uns angerufen und gesagt, was mit seinen Eltern passiert ist.«

Leicht nachzuprüfen, dachte Schuster und ließ sich als Nächstes Kogls Pass geben. Die Stempel von der ungarischen Grenzkontrollstelle stimmten mit den von Dominik angegebenen Zeiten überein. Kogl und dessen Freundin forderte Schuster auf: »Kommen Sie jetzt beide mit auf die Dienststelle.«

Dort angelangt, erfuhr Schuster von Dominiks Schlüsselbund. »Das hat mir nicht geschmeckt. Wer lässt seine Hausschlüssel absichtlich in der Wohnung eines anderen liegen, auch wenn der ein noch so guter Freund ist? Und dann der Schlüssel, der dem Vater angeblich in Ungarn gestohlen wurde. Wir haben uns natürlich gleich gefragt: Wieso erzählt der Traugott uns das?«

Den Ermittlern fiel außerdem auf, dass Kogl, Jagschitz und vor allem Schindler ihrem Freund Dominik weit unterlegen waren. Die Angaben der Freunde deckten sich zwar mit denen Dominiks, dennoch grübelten die Beamten, weshalb der junge Mann Umgang mit diesen Burschen pflegte. War er wegen der Auseinandersetzungen mit seinen Eltern in ein tieferes soziales Milieu abgesackt? Oder hatte er die Freunde bewusst ausgewählt, um sie in ein Mordkomplott zu verstricken?

Motive hatten alle vier: Dominik selbst, der seine Eltern offenbar verachtet hatte; die drei anderen, die verschuldet waren. Und Geld hatten Helmut und Dagmar Traugott im Überfluss gehabt. Sie besaßen ein Barvermögen von mehreren Millionen Schilling, hatten Wohnhäuser und Grundstücke geerbt.

Obwohl Schindler sich mehr und mehr in Widersprüche verwickelte und die Spurensicherer winzige Blutspritzer auf seinem Hemd entdeckten, stagnierte in den Abendstunden des Donnerstags der Fortschritt der Vernehmungen. Sowohl die Verdächtigen als auch die Ermittlerteams waren von Müdigkeit gezeichnet. Man beschloss, Kogl, Jagschitz und Schindler gehen zu lassen. Dominik Traugott aber wollten die Kriminalisten dabehalten. Neuerlich standen sie vor einer heiklen Entscheidung: War Dominik unschuldig und sie inhaftierten ihn, würde die Presse Alarm schlagen. War er jedoch schuldig, verpassten sie vermutlich die Gelegenheit, ihn zum »Umfallen« zu bringen.

Schließlich konnten die Beamten den Staatsanwalt überzeugen, einen Antrag auf Verhängung der Untersuchungshaft zu stellen. Als die Ermittler Dominik mitteilten, dass seine Freunde nach Hause dürften, er aber festgenommen werde, fragte er: »Nur mich sperrt 's ein?«

»Da hab' ich gewusst: Er war 's«, blickt der Leiter der Ermittlungen zurück. »Wir haben die richtige Entscheidung getroffen. Das ›nur‹ war ein Wort zu viel. Er hätte es nicht gesagt, wäre er unschuldig gewesen.«

Etwa zur selben Zeit wechselte Rudolf Schuster in einem anderen Vernehmungsraum zum vertraulichen Du, um Hannes Kogl ein wenig in Bedrängnis zu bringen. Er schärfte dem Burschen ein: »Wir lassen dich zwar heim. Aber ich hol' dich wieder her, und dann krieg' ich dich. Merk dir: Du bist für mich der Mörder!«

Woraufhin Kogls Gesicht sich verzerrte. Er ballte seine Hände zu Fäusten und fing zu schreien an: »Warum lassen Sie mich nicht in Ruh'? Ich bin kein Mörder! Ich bin kein Mörder!«

Schuster beruhigte den jungen Mann, fragte dann aber unverzüglich: »Na, wer denn? Wer ist ein Mörder?«

Nach wenigen Ausflüchten war Kogl mit den Nerven am Ende. Er beschuldigte Dominik Traugott und Sascha Schindler des Doppelmordes. Er, Kogl, hatte die beiden mit seinem Auto in die Nähe des Tatortes gefahren.

Die Ermittler eskortierten Dominik nun nach Wien und setzten das Verhör in den Diensträumen der Kriminalabteilung fort. Der Ortswechsel erwies sich, wie so oft, als gute Vernehmungstaktik. Noch in den Nachtstunden des Donnerstags legte Dominik Traugott ein umfassendes Geständnis ab. Die beiden anderen Freunde, Schindler und Jagschitz, folgten auf dem Fuß.

»Wenn ich dich sehe, kommt mir das Kotzen!«

Diese Worte warf Dominik Traugott seinem Vater nicht nur einmal an den Kopf. Von Kindheit an litt er unter dessen Herrschsucht und Jähzorn. Auch die Mutter wurde zuweilen ausfällig, dem Sohn wie dem Ehemann gegenüber. Des Öfteren war von Scheidung die Rede.

Doch kein Familienmitglied hatte die Kraft, sich aus der emotionalen Bindung zu lösen. Nach einer besonders heftigen Konfrontation warfen die Eltern Dominik hinaus – in eine Wohnung, die ihnen selbst gehörte. Drei Monate später kehrte er wieder ins

Elternhaus zurück, und die Auseinandersetzungen waren heftiger als je zuvor.

Die Situation änderte sich schlagartig, als Helmut Traugott ein Jahr vor seiner Ermordung einen Herzinfarkt überstand. Seine Frau Dagmar hielt nun sämtliche Probleme von ihm fern und stellte sich in jedem Streit gegen Dominik. »Ich fühlte mich allein gelassen und erhielt keinerlei Unterstützung von meinen Eltern«, sagte er rückblickend. »Sie wollten unbedingt, dass ich auch Lehrer werde und dieselben Fächer unterrichte wie sie.«

Zwei Monate vor der Tat begann er, konkrete Mordgedanken zu hegen. Gemeinsam mit Kogl und Schindler heuerte Dominik einen Killer an. Der Türsteher eines Nachtlokals wollte gegen eine saftige Anzahlung den Kontakt zu einem Profi aus Georgien herstellen. Wenige Wochen später hieß es, der Killer wäre selbst erschossen worden und die Sache deshalb hinfällig. Das Geld behielt der Türsteher.

Dann lernte Dominik über Hannes Kogl Ivan Jagschitz kennen. Die drei gründeten eine Firma, die sich mit Finanzierungen beschäftigte. Ein Bekannter Dominiks meinte dazu: »Erst vor wenigen Tagen wollte er mich überreden, 20 000 Schilling in einen Handy-Deal mit der ungarischen Mafia zu investieren. Als ich ablehnte, beschimpfte er mich.«

Bei Dominik, Kogl und Jagschitz reifte der Entschluss, Dominiks Eltern zu ermorden, um über das Erbe an deren Vermögen heranzukommen. Dominik versicherte den Freunden, ihre Schulden zu begleichen und das Startkapital für die neue Firma zu liefern. Als die Burschen am Samstag in ihrem Stammlokal Sascha Schindlers Geburtstag feierten, übergab der Türsteher ihnen ein Stanniolpapier-Päckchen mit weißem Pulver. Gift, das Dominik den Eltern verabreichen sollte.

Am Montagabend präsentierte »der ideale Schwiegersohn«, wie ein Kriminalist Dominik auf Grund seines attraktiven Äußeren nannte, den Eltern stolz sein Studienbuch mit den guten Noten. Allerdings hatte er das Dokument manipuliert, denn er besuchte seit Wochen den Unterricht nicht mehr – mit Ausnahme der Schulpraxis-Stunden in der Schule seiner Eltern.

Zunächst freuten Helmut und Dagmar Traugott sich über den vermeintlichen Erfolg des Sohnes, und Dominik überredete sie, mit einem Schlückchen Marillenlikör darauf anzustoßen. Die Flasche stand neben der Abwasch in der Küche. Dominik nahm sie mit hinauf in seine Mansardenwohnung, holte drei Stamperl-Gläser aus der Vitrine und mischte den Großteil des Giftes hinein. Damit die Farbe seines Getränks nicht zu sehr abwich, verabreichte er auch sich selbst ein wenig von dem Gift.

Daraufhin musste Dominik sich übergeben. Seinen Eltern aber ging es so schlecht, dass sie das Krankenhaus aufsuchten. Dort wurde dann die Lebensmittelvergiftung diagnostiziert und das Ehepaar in häusliche Pflege entlassen. Während die Eltern fort waren, verbrannte Dominik Giftreste samt Verpackung und verteilte die Asche mit einem Rechen neben dem Swimmingpool im umgegrabenen Garten. Um welche Substanz es sich handelte, blieb ungeklärt.

Die Mutter schöpfte Verdacht. Aus dem Krankenhaus zurück, stellte sie Dominik zur Rede. Der Vater kündigte an, den Sohn am Mittwoch beim Notar zu enterben.

Jetzt fühlten sich die vier Burschen unter Druck. Am Dienstag beim Kasinobesuch in Ungarn beschlossen sie, Dominiks Eltern ernsthaft und endgültig zu töten. Im Stammlokal in der niederösterreichischen Heimatstadt sprachen sie noch die Einzelheiten ihres Planes durch. Kogl fuhr Schindler und Dominik kurz vor Mitternacht in die Nähe des Traugott-Hauses und kehrte dann wieder zum Lokal zurück, um gemeinsam mit Jagschitz für das nötige Alibi zu sorgen.

Dominik öffnete mit seinem Schlüssel die Tür. Er und Schindler gingen ins Obergeschoss und suchten nach geeigneten Tatwaffen. Schindler nahm einen Zimmermannshammer an sich, zog Torwarthandschuhe an und reichte Dominik sein Butterfly-Messer.

Dann gingen sie ins Erdgeschoss – ins Schlafzimmer der Eltern.

Als Dominik das Licht einschaltete, wachte die Mutter auf. Sie schrie: »Was wollt ihr?« Und gleich darauf, in vollem Bewusstsein, was mit ihr geschehen wird: »Dominik, du erbst nichts!«

Schindler stürzte sich auf sie und drosch mehrmals mit dem Hammer gegen ihren Kopf. Dominik eilte inzwischen zum Vater, der sich, ebenfalls wach, aus dem Bett gerollt hatte und auf dem Teppichboden kauerte. Er flehte um sein Leben. Doch der Sohn stach mit dem Messer auf ihn ein. Während die Mutter röchelnd auf dem Bett lag, lief Schindler zu Dominik, übergab ihm den Hammer, und Dominik schlug einige Male auf seinen Vater ein. Er gab Schindler den Hammer zurück, nahm das Messer wieder in die rechte Hand, beugte sich über seine Mutter und stach ihr in Brust und Augen.

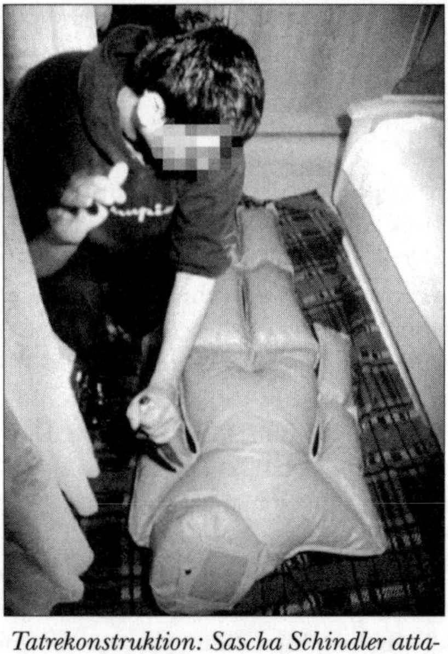

Tatrekonstruktion: Sascha Schindler attackiert Helmut Traugott mit dem Messer.

Dann sank Dominik neben dem Vater auf die Knie und fing zu weinen an. »Papa«, rief er, »Papa, hörst du mich? – Entschuldigung.«

Es dauerte nicht lange, bis Dominik sich wieder im Griff hatte. Er stieg mit Schindler die Treppe zur Mansardenwohnung hinauf, wo sie Messer, Hammer und Handschuhe in einem Plastiksack verstauten. Sie wuschen sich in Dominiks Toilette die Hände. Wieder im Erdgeschoss brachen die beiden den Kasten im Arbeitszimmer auf, rissen die Laden heraus, verstreuten die Dokumente, hantierten am Tresor im Vorraum. All das sollte einen Einbruch vortäuschen.

Dominik nahm noch den Hausschlüssel vom Schlüsselbrett und gab ihn ebenso in den Plastiksack, um im Fall einer polizeilichen Befragung den Verdacht auf den »großen Unbekannten« zu lenken.

Außerdem steckte er eine Geldbörse mit ein paar Tausend Schilling ein – Geld, das die Burschen wenig später im Bordell in Ungarn verprassten. Bis auf Jagschitz nahm sich jeder von ihnen ein Mädchen mit aufs Zimmer. Den Sack mit Tatwaffen, Handschuhen und Schlüssel warfen sie in die Donau, er wurde nie gefunden.

»Dominik war tatsächlich in dieser Nacht zum Geschlechtsverkehr fähig, wir haben 's nachgeprüft«, zeigt sich der Leiter der Ermittlungen erschüttert. »Der Bursche war völlig durchgeknallt. Er schilderte uns die Tötung seiner Eltern ohne Regung, ohne einen Funken von Reue.«

»Auch Schindler war eiskalt«, erinnert sich Rudolf Schuster. »Der grinste und beschrieb uns den Mord, als hätte er im Supermarkt bloß zwei Dosen Bier geholt.«

Trotz allem gab es einen Punkt, an dem Dominik dem Chefermittler Leid tat. »Er erzählte uns, wie der Vater ihn nach dem Herzinfarkt ans Krankenbett gerufen hat. ›Wenn du unser Alleinerbe bleiben willst‹, hat Helmut Traugott von seinem Sohn verlangt, ›dann lass deine Freundin stehen. Ihre Eltern haben nicht studiert, sie besitzen nichts, sie sind nicht unseresgleichen.‹«

»Und was hast du gemacht?«, fragte der Kriminalist.

»Ich hab' sie stehen lassen.«

Am Samstag, zwei Tage nach dem brutalen Doppelmord, fand eine Tatrekonstruktion statt. Der Chefermittler hielt sich im Hintergrund und sah sich genauer im Haus der Traugotts um. »Da war alles doppelt vorhanden. Es gab zwei große gediegene Wohnzimmer, die nahezu identisch eingerichtet waren. Einziger Unterschied: In dem einen Raum stand eine Sitzgruppe aus Stoff, in dem anderen eine aus Leder. Alles war spiegelbildlich symmetrisch angeordnet, die Wandverbauten, die Lexika, jedes Detail war wie durchkonstruiert. Ich sagte mir: Hier wohnen Vernunft und Berechnung, das Herz aber ist woanders zuhaus'.«

Eine Begebenheit, die eine entfernte Bekannte ihm nachträglich berichtete, bestärkt den Kriminalisten in seiner Ansicht. Mit 15, sagte die Frau, hätte Dominik hingebungsvoll mit dem Teddybären ihres Sohnes gespielt. Als sie ihn fragte, wieso er das in seinem Alter noch mache, gab er zur Antwort: »Weil ich das als Kind nie hab' tun dürfen.«

Weiteren Zeugenaussagen zufolge lebten Helmut und Dagmar Traugott äußerst zurückgezogen und hatten praktisch keine Freunde. Sie waren nicht im Mindesten so beliebt, wie Schulleiter und Schulinspektor über die Medien glauben machen wollten.

Den Chefermittler hat der Fall sehr berührt. »Ich hab' zwei Kinder in Dominiks Alter und fragte mich damals immer wieder: Können Eltern ihren Mörder heran erziehen? Nach allem, was ich über die Familie Traugott erfahren habe, muss ich diese Frage mit Ja beantworten.«

Wohl auf Anraten seines Verteidigers versuchte Dominik sich im Gerichtssaal als der gepeinigte Sohn darzustellen, der gar nicht anders hätte handeln können. Doch seine Geschichte von ihm als Dreijährigem, der versehentlich Eis auf den Autositz tropfte und daraufhin vom Vater grob misshandelt wurde, rührte die Geschworenen nicht. Das Gericht verurteilte Dominik Traugott zu 20 Jahren, seinen Mittäter Sascha Schindler zu 18 Jahren und die Komplizen Ivan Jagschitz und Hannes Kogl zu sechs beziehungsweise fünf Jahren Haft.

»Komm' ich bald wieder raus?« und »Krieg' ich die Erbschaft?« – Diese beiden Fragen waren für Dominik die wichtigsten. Er stellte sie unmittelbar nach dem Lokalaugenschein. Befindet man gemäß Paragraf 46, Absatz zwei Strafgesetzbuch, wonach ein Rechtsbrecher, der zwei Drittel seiner Freiheitsstrafe verbüßt hat, bedingt zu entlassen ist, könnte Dominik mit Mitte 30 ein freier Mann sein.

Das Erbe seiner Eltern kann er freilich nicht antreten, dies verhindert Paragraf 540 des Allgemeinen Bürgerlichen Gesetzbuches. Wer gegen den Erblasser eine gerichtlich strafbare Handlung begangen hat, heißt es hier vereinfacht, ist des Erbes so lange unwürdig, bis der Erblasser ihm vergeben hat.

Vergebung für Dominik durch die ermordeten Eltern? Im irdischen Leben ein Ding der Unmöglichkeit.

Nachtrag

Dass auch Kieberer* Menschen sind, zeigt eine Schnurre*, die ein Tatortbeamter erzählt:

»Bei uns gibt es die eiserne Regel, am Tatort nicht zu essen. Im Haus der Traugotts waren wir aber seit drei Uhr früh, und gegen Mittag haben wir alle einen Bärenhunger bekommen. Da haben wir halt eine Ausnahme gemacht, Kekse aus dem Lagerraum im Keller geholt und dazu Mineralwasser aus der Küche getrunken.

Am darauf folgenden Tag ist der Gerald kreidebleich im Dienst erschienen. Ihm war fürchterlich schlecht, und ich hab' ihn ein bisschen aufgezogen: ›Weißt eh, dass der Traugott in dem Haus auch Gift gemischt hat.‹«

Zum Glück, Geralds Unwohlsein hatte eine harmlosere Ursache. Es wird aber vermutlich noch lange zur Erheiterung der Kollegenschaft beitragen.

DAS BROTZETTERL
oder
Gelegenheit macht Mörder

Ein hochrangiger Kriminalpolizist hat einmal behauptet, es gäbe im Grunde nur zwei Motive für Mord: Leidenschaft und Geld. Im Fall von Bruno Wazilowski war es das Letztere. Doch es verbarg sich mehr dahinter: der Traum zweier junger Männer einfacher Herkunft von einem Leben ohne finanzielle Sorgen, ihre Vision von einem Neubeginn im Land der unbegrenzten Möglichkeiten. Konkret mordete Wazilowski wegen 1 000 Dollar. Beinahe wäre ihm das perfekte Verbrechen gelungen. Dass man ihn vier Jahre nach seiner Tat dennoch überführen konnte, ist mühevoller kriminalistischer Detailarbeit zu verdanken – und einem besonders findigen Gerichtsmediziner.

Es war ein kalter, trüber Februarmorgen im westlichen Niederösterreich. Der Wind hatte den Schnee von den Feldern entlang der A1 geblasen und ihn an den Waldrändern zu schmutzigen Wechten zusammengepresst. An diesem Morgen chauffierte Georg Zoller, Professor am Institut für Gerichtliche Medizin der Universität Wien, seine Familie in den Skiurlaub. Kurz nach der Abfahrt St. Valentin zeigte er auf eine Stelle jenseits der Gegenfahrbahn. »Dort unten war 's. Da ist die Leiche vom Brotzetterl-Mord gelegen.«

Seine beiden pubertierenden Sprösslinge im Fond des Wagens seufzten, und bevor der Professor zu einer ausführlichen Schilderung der Ereignisse ansetzen konnte, verkündeten sie mit der synchronen Trägheit einer Kirchengemeinde beim Sonntagsgebet: »Ja, Papa, das hast du uns schon mindestens 20-mal erzählt.«

Nun, kriminalistisch Interessierte ohne verwandtschaftliches Naheverhältnis zu einem Gerichtsmediziner könnten sich Zollers Schilderungen vermutlich 40-mal anhören und würden sich dabei nicht langweilen, denn sie klingen so abenteuerlich wie Heinrich Harrers Berichte von seiner Expedition nach Tibet. Nicht umsonst nennt Zoller diesen Fall sein »Zuckerl«. »Hier steht es sich dafür, Gerichtsmediziner zu sein«, bekennt er. »Alles andere ist ein Quargel!«

Es war kein kalter, trüber Februarmorgen, an dem die Geschichte dieses kniffligen Ermittlungspuzzles begann, sondern ein warmer sonniger Vormittag im September des Jahres 1988. Noch war der Eiserne Vorhang nicht gefallen, die Wende in Osteuropa ließ noch mehrere Monate auf sich warten. An jenem Septembervormittag also klingelte kurz nach neun Uhr Georg Zollers Telefon in der Wiener Gerichtsmedizin. Abteilungsinspektor Friedrich Grabmann, der damalige Leiter der Tatortgruppe der Kriminalabteilung für Niederösterreich, rief den Professor zum Lokalaugenschein an die A1. »Um sieben in der Früh hat ein Bauer seinen Kukuruz* inspiziert und dabei neben dem Acker eine Leich' g'funden.«

Daraufhin informierte Zoller seinen Assistenten und eine Protokollantin. Zu dritt fuhren sie auf der Westautobahn Richtung Linz, wo nahe Kilometer 159 besagte Leiche lag. Grabmann, wie immer mit Hut, und seine Männer waren schon da. Sie hatten mit der Sachverhaltsaufnahme auf Zoller gewartet, der sich sogleich ein Bild vom Fundort machte.

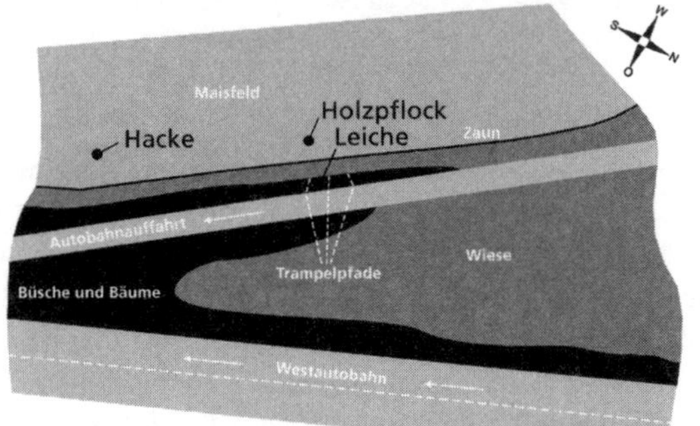

Tatortskizze

Die Autobahnauffahrt in Richtung Wien, ein Gebüschstreifen, ein Wiesenstreifen, ein 1,80 Meter hoher Maschendrahtzaun, der Kukuruzacker. Der reife Mais stand übermannshoch und so dicht, dass ganze Heerscharen von Fliehenden sich darin hätten verstecken können wie Cary Grant vor dem unsichtbaren Dritten. Ein Haufen Reisig türmte sich auf dem Gras – die Zweige einer Bruch-Weide, wie der botanisch versierte Professor auf den zweiten Blick erkannte. Auf den ersten sah er das Paar Füße, das aus dem Reisig herausragte.

Auffindungssituation.

Um 10.45 Uhr begann Zoller gemeinsam mit seinem Gehilfen und den Tatortbeamten das Reisig abzudecken. Jeder Veränderungsschritt wurde schriftlich und fotografisch festgehalten. Man zählte 38 Zweige und fand zwei Büsche, von denen jemand in Greifhöhe die zirka einen Meter langen Triebspitzen abgebrochen hatte, um die Leiche darunter zu verstecken. Es handelte sich tatsächlich um Bruch-Weiden der Gattung *Salix fragilis,* deren Name von ihren besonders leicht brechenden Zweigen herrührt. Zoller ahnte, wie er sein botanisches Wissen würde nützen können. Jetzt aber sah er die Anzeichen fortgeschrittener Verwesung. An der männlichen Leiche lagen bereits Knochenteile, insbesondere die Rippen, bloß. Sein Assistent hob die dunkelblaue Trainingsjacke hoch, unter der sich der Schädel verbarg. Er war stark skelettiert. Zoller erkannte Zertrümmerungen und stellte die Todesursache fest: Hiebe auf den Hinterkopf.

Tatort-Chef Grabmann fragte den Gerichtsmediziner erst gar nicht, wonach er seine Leute suchen lassen sollte. Er wusste, dass

Die Leiche nach dem Abdecken.

haltbare Aussagen nur am Obduktionstisch bei guter Beleuchtung an der entkleideten Leiche getroffen werden können. Heute, längst im wohlverdienten Ruhestand, macht er dem gut zwei Jahrzehnte jüngeren Professor ein Kompliment: »Ein guter Gerichtsmediziner sagt erst was, wenn er die Handschuhe auszieht. Der Zoller ist so einer.«

Demgemäß suchten die Kriminalisten das Gelände nach einem Gegenstand ab, mit dem man einem Menschen den Schädel einschlagen kann. Im von der Autobahn steil abfallenden Areal, in hohem Gras und Buschwerk, fanden sie jede Menge Gegenstände – Speisereste, Dosen, Flaschen, Zigarettenpackungen und Papiertaschentücher. Plötzlich rief Martin Hallmer, der sich in den Kukuruzacker gezwängt hatte, zu seinen Kollegen herüber: »Schaut 's, was ich da gefunden hab'!«

Hallmer, keine 25, frisch von der Schule und voller Eifer, schälte sich aus den Maisstauden hervor. In seiner Rechten hielt er einen Holzpflock, der in der Mitte orange und an den Enden schwarz lackiert war, genau wie jene Stöcke, die an der Autobahnauffahrt als Begrenzungspflöcke im Bankett steckten. Hallmer vermaß ihn persönlich. Der Pflock war knapp einen Meter lang, hatte einen fünf Zentimeter großen Durchmesser und stellte das Paradebeispiel eines Objektes zur Anwendung stumpfer Gewalt dar.

Doch Gerichtsmediziner Zoller teilte Hallmers Enthusiasmus nicht. Ob der Holzpflock wirklich das Tatwerkzeug war, konnte er erst nach der Obduktion sagen. Um 12.30 Uhr transportierte die Bestattung die Leiche in die Prosektur des Krankenhauses Amstetten ab.

»Viel konnte man nicht mehr sezieren«, erinnert sich Zoller an jenen Nachmittag im September 1988. »Er war ja schon ziemlich vermodert.« Von den ersten österreichischen Anfängen der DNA-Analyse in der Causa Jack Unterweger war man übrigens noch drei Jahre entfernt. Nichtsdestotrotz, es war die Sektion des unbekannten skelettierten Leichnams, die den entscheidenden Hinweis zu Tage förderte.

15.15 Uhr in der Krankenhaus-Prosektur. Die Tatortbeamten lenkten ihre Aufmerksamkeit auf die Bekleidung des Toten. Um einen möglichen Anhaltspunkt für dessen Identität zu finden, dokumentierten sie jedes Kleidungsstück genau. Wo war es hergestellt worden? Wo gab es so etwas zu kaufen? Mit dem Versuch, diese Fragen zu beantworten, hofften sie, der Lösung des Rätsels näher zu kommen. Ihre Hoffnung wurde enttäuscht.

Da waren etwa das rot-schwarz karierte Hemd, Größe 40, »Made in China«, die Blue Jeans der Marke »Mc George« und das gestreifte T-Shirt mit dem gleichen Label. Stangenware, wie sie in einer Vielzahl von Läden erhältlich war. Obwohl die gesamte Bekleidung in der Gerichtsmedizin gereinigt und später an die Mordgruppe weitergegeben wurde, brachte sie die Ermittler vorerst nicht weiter.

Aufschlussreicher war die Herrenarmbanduhr, die man aus dem linken Handteller der 175 Zentimeter großen und 75 Kilogramm schweren Leiche sichergestellt hatte. Sie trug die Bezeichnung »CRABA – 26 CAMMEN« sowie die Datumsanzeige »BTP 23«. Die Uhr war an jenem Tag um 2.06 Uhr stehen geblieben.

Die russische Armbanduhr.

Friedrich Grabmann, der einst während der Besatzungszeit in den Polizeidienst eingetreten war, wusste, dass BTP die russische Abkürzung für Dienstag ist. Einer seiner Kollegen wiederum bemerkte: Es war eine mechanische Uhr, die sich durch die Bewegung des Handgelenks aufzog.

Da kam Zoller eine Idee. »Die Kardinalfrage, die der Gerichtsmediziner in Bezug auf ein Mordopfer zu klären hat, ist jene nach dem Zeitpunkt des Ablebens«, sagt er heute und blickt zurück: »Meine ersten Schätzungen lagen damals am Leichenfundort bei drei bis vier Wochen. Von den Fingern der rechten Hand waren nur mehr abgelöste Hautfetzen und einzelne Knochen übrig. Es gab Maden an der Leiche, allerdings waren das spätere Besiedlungen. Der erste Entwicklungszyklus war bereits abgeschlossen, denn es gab auch leere Puppenhülsen.«

Zusätzlich zog Zoller den Zustand des grünen Blattfarbstoffes im Gras, auf dem die Leiche lag, zur Todeszeitbestimmung heran. »Das Gras ›vergeilt‹, wenn es kein Licht mehr bekommt. Das Chlorophyll wird abgebaut und erscheint bleichgelb.« Mit einer quantitativen Chlorophyll-Bestimmung lassen sich genauere Resultate erzielen. Jedoch nicht mehr in diesem Fall, weil Fäulnisflüssigkeit die Pflanzen durchtränkt hatte. »Aber wir hatten die Weiden und die Armbanduhr mit der russischen Datumsangabe.«

Weidenregenerate.

Also: Nachprüfen, in welchem Monat der 23. auf einen Dienstag fiel. Im Juli. Und: Rekonstruieren, wie lange es braucht, bis die aufgezogene Uhr stehen bleibt. Zwei Tage. Der Tod war demnach am

21. Juli 1988 gegen zwei Uhr nachts eingetreten. Ein Ergebnis, das mit der Wachstumsgeschwindigkeit der Bruch-Weiden übereinstimmte. Zoller, seinerseits Hobby-Imker, hatte Weiden-Stecklinge gesetzt. Seine Bienen sollten im nächsten Frühjahr den Pollen der weichen Kätzchen sammeln. »Der Täter hat ja solche Zweige abgebrochen, um sein Opfer damit zuzudecken. Die Weiden haben aus dem nächsten Auge wieder ein Regenerat getrieben, und ich hab' anhand von Wachstumsversuchen feststellen können, dass sie dafür ungefähr zwei Monate brauchen.«

Zwar war nun die Todeszeit bestimmt, viele andere Fragen aber waren noch offen. Wer war der Tote?, lautete eine von ihnen.

Um diese elementare Frage zu beantworten, erhob Zoller den Zahnstatus der Leiche, der mit dem von vermissten Personen verglichen werden konnte. Auf Grund der Verwachsung der Schädelnähte sowie der Verknöcherung der Gelenksköpfe und der Schlüsselbeine legte Zoller das Alter des unbekannten Toten auf etwa 25 bis 30 Jahre fest.

Hautfragment von den Fingerbeeren der teilskelettierten Leiche.

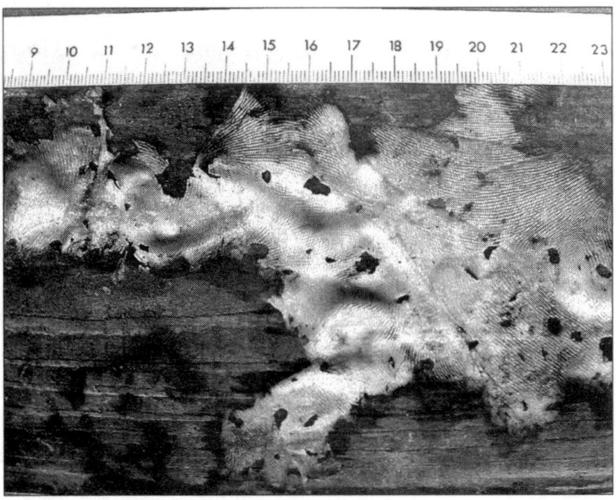

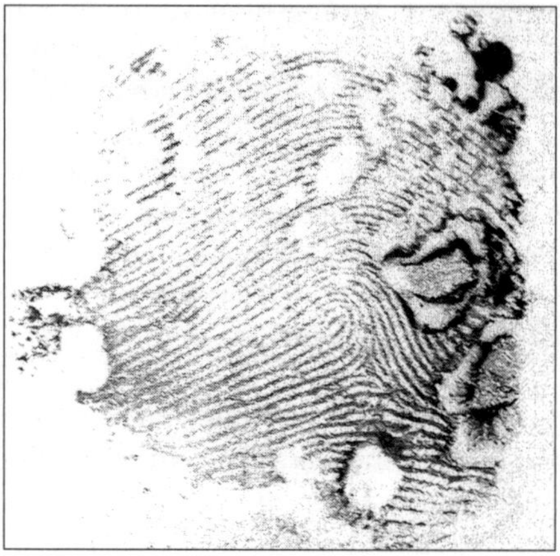

Fingerabdruck von der stark zersetzten Leiche.

Indessen brillierten die Experten der Tatortgruppe in einem kriminalistischen Kabinettstück: Es gelang ihnen, von dem von Käfern und anderen Tieren zerfressenen Hautstück der rechten Hand und einer Fingerbeere der linken Hand Fingerabdrücke zu nehmen.

Martin Hallmer, der eifrige junge Beamte, der den Holzpflock im Maisfeld gefunden hatte, erklärt das Verfahren: »Ich ziehe die Oberhaut vom Finger der Leiche ab, stülpe sie dann über meinen behandschuhten Finger und nehme, wie gewohnt, die Abdrücke.«

Was sich hier denkbar einfach anhört, ist in Wahrheit eine Technik, die viel handwerkliches Geschick erfordert, reichlich Geduld abverlangt und mitunter bis zu drei Tage Zeit in Anspruch nimmt. Im September 1988 freilich wartete Hallmer, heute einer der führenden Tatort-Spezialisten Österreichs, voller Ungeduld auf Professor Zollers Urteil bezüglich des Holzpflockes. War er die Mordwaffe?

Gespannt lauschte der junge Kriminalist den Befunden von den Schädelverletzungen, die der Gerichtsmediziner seiner Sekretärin diktierte. »Breit klaffender Basisbruch an der linken Seite mit Absprengung des Felsenbeins vom Hinterhauptsbein. Zentrum eines Bruchsystems oberhalb der Nasenwurzel. In der linken Hinterhauptsregion Bruchstrahlen im Sinne eines zweiten Bruchsystems.«

Und was hieß das nun? Es hieß: halbscharfe statt stumpfe Gewalt. Die Verletzungen konnten nicht von einem Holzpflock herrühren, sondern von Hieben mit einem Säbel, einer Machete oder einer Hacke.

Am 22. September, genau eine Woche nach dem Leichenfund, ereignete sich in St. Valentin ein kleines Wunder. Es war die Zeit der Kukuruzernte. Ein befreundeter Landwirt half jenem Bauern, der den unbekannten Toten unter dem Weidenreisig neben der Autobahnauffahrt entdeckt hatte, beim Häckseln des Maises. Dabei stolperte er, etwa 120 Meter von der Leichenfundstelle entfernt, über eine Hacke. Sie wurde sofort ins Gerichtsmedizinische Labor gebracht. Professor Zoller fand zwar keine Blutspuren auf ihr, er konnte die Hacke jedoch, indem er ihre Klinge mit den Verletzungen am Schädel des Opfers verglich, als Tatwaffe identifizieren.

Die Hacke ist die Tatwaffe.

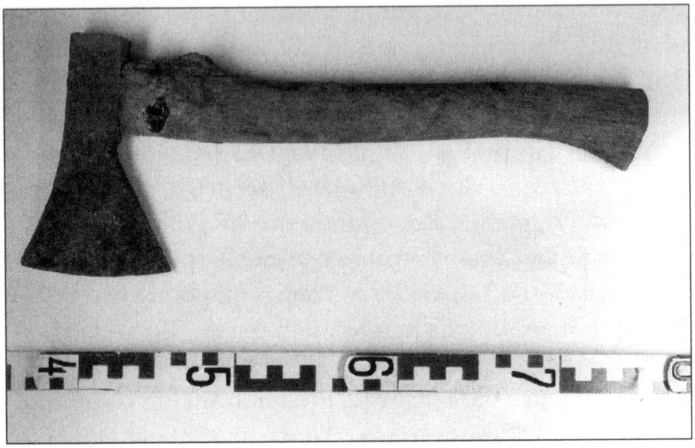

Durch diesen Zufallsfund angespornt, durchstöberten die Tatortbeamten noch einmal das Buschwerk neben der Autobahnauffahrt. Und auch sie wurden fündig. 30 Meter südlich der Leiche lag eine Umhängebrieftasche aus rotem Plastik. Hatte sie dem Opfer gehört? Enthielt sie vielleicht einen Ausweis? Oder zumindest ein Indiz, das auf die Identität des Mannes schließen ließ? Leider nein. Die Brieftasche enthielt nicht einmal Geld. Sie war völlig leer.

Auf der Hacke aber klebte der drei mal dreieinhalb Zentimeter große, stark verwitterte Rest eines Etiketts mit einer kaum leserlichen Aufschrift. Möglicherweise war daraus ein Hinweis auf die Herkunft zu erhalten. Zur weiteren Untersuchung übergab Zoller die Hacke der Kriminaltechnischen Zentralstelle.

Doch niemand vermochte aus den Buchstabenkombinationen der Druckschrift schlau zu werden. Das »aille« in der ersten Zeile hätte in französischer Sprache verfasst sein können. Das »maa« in der zweiten Zeile deutete auf Finnland oder Holland hin, zumal in der niederländischen Stadt Alkmaar Messer und Hacken produziert werden.

Alles Spuren, die in die Irre führten, wie sich bei der Obduktion im Amstettener Krankenhaus herausstellte. Das weiße Licht der Neonlampen bestrahlte den Tisch aus rostfreiem Edelstahl. Zoller entdeckte in der Bauchhöhle des halb verwesten Leichnams Reste des Dickdarms. Wie immer schnitt er den Darm auf, spülte ihn sorgfältig aus und fing den Inhalt mit einem feinmaschigen Sieb auf. Und siehe da – abgesehen von ein paar Körnern, kam der entscheidende Hinweis zum Vorschein: Ein kleiner Zettel, nicht viel größer als ein mal ein Zentimeter. Er trug die Beschriftung »SPOŁ«. Das Ł zeigte einen schrägen Querstrich, und Zoller wusste, dass es einen solchen Buchstaben nur im Polnischen gibt.

Er klemmte das Zetterl zwischen zwei Glasplättchen und ging damit – am nächsten Tag wieder in Wien – zur polnischen Botschaft. Dort erklärte man ihm: Es handelt sich um ein Brotzetterl.

In Polen muss jeder Bäcker solche Etiketten auf die Unterseite von Brotlaiben kleben, um deren Herkunft anzugeben. Dieser Zettel stammte von einem Bäcker aus Polen, also musste Zoller schließen:

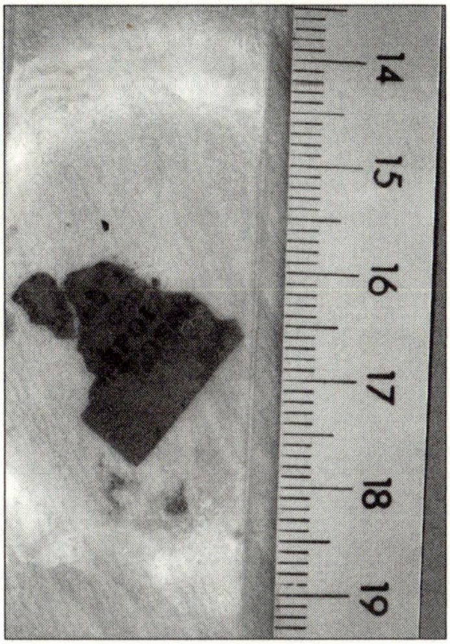

Brotzetterl aus dem Darminhalt der Leiche.

Dieser Mensch hatte in den letzten 36 bis 48 Stunden vor seinem Tod polnisches Brot gegessen.

Er benachrichtigte die Kriminalbeamten der niederösterreichischen Mordgruppe von seiner Entdeckung. Die Fahnder forderten daraufhin bei der zuständigen Behörde eine Auflistung von Flüchtlingen an, die ohne Angabe von Gründen ihre zugewiesenen Quartiere in Österreich verlassen hatten und deren Aufenthaltsort unbekannt war. Die Liste enthielt knapp 200 Namen. Fingerabdrücke wurden verglichen – ohne positives Ergebnis. Der Name des Toten stand nicht auf der Liste.

Gleichzeitig hörten sich die Ermittler in der Umgebung von St. Valentin um. Waren dort im Juli Polen gewesen? »Ja, ja«, sagte ein Bauer, »zwei polnische Männer haben mir angeboten, gegen Stundenlohn in der Landwirtschaft zu helfen. Nach ein paar Tagen sind sie wieder weg, weil sie beide nach Amerika auswandern wollten.«

Nun kam die Bekleidung der unbekannten Leiche ins Spiel. Die

Kriminalbeamten zeigten sie dem Bauern. Er erkannte die dunkelblaue Trainingsjacke, das karierte Hemd, das gestreifte T-Shirt. »Der hat einen hohen Geldbetrag mit g'habt.« – Die leere Brieftasche. Ein Raubmord? Hatte der zweite Mann ihn begangen?

Die Namen des Opfers und seines Begleiters kannte der Bauer freilich nicht. Schwarzarbeiter, wer erkundigte sich da schon genau.

Mittlerweile hatten die Fahnder Kontakte nach Polen geknüpft. Sie erkundigten sich nach Abgängigen und nach Männern, die zwar nicht vermisst, aber angeblich nach Amerika ausgewandert waren. »Die polnischen Kollegen waren damals alles andere als kooperativ«, erinnert sich Karl Fitz von der Mordgruppe. »Bei ihnen hat noch der Kommunismus geherrscht. Unsere Fragen gingen auch in Richtung organisierte Reisen, da das Opfer und sein Begleiter ja keine Asylanten waren. Aber da war nichts zu machen.« Noch nicht.

Endlich dann, als die Wende vollzogen war und ein frisches Lüftchen den Staub von den östlichen Aktenlagern geweht hatte, kam Bewegung in den Fall der Brotzetterl-Leiche. Monate, nachdem eine Kattowitzer Lehrerin das Verschwinden ihres Mannes angezeigt hatte, meldete die polnische Polizei dessen Abgängigkeit bei Interpol. Die niederösterreichischen Kriminalisten wurden darauf aufmerksam und erfuhren, dass Juran Wojczik, der Vermisste, ein befreundetes polnisches Ehepaar besucht hatte, das in der Nähe von St. Valentin eine neue Heimat fand. Der 32-jährige Wojczik hatte in Polen sein Auto verkauft, etwas über 1 000 Dollar dafür erhalten und eine Busreise nach Österreich gebucht. Von hier aus wollte er illegal in die Bundesrepublik Deutschland einreisen und weiter in die USA gelangen. Später hätte seine Frau nachkommen sollen.

Der von Professor Zoller bei der Obduktion erhobene Zahnstatus bewies nun: Der Tote von der Autobahnauffahrt St. Valentin war Juran Wojczik. Doch wer war sein Begleiter gewesen, sein mutmaßlicher Mörder?

Daraufhin setzte Karl Fitz von der Mordgruppe sich wieder mit polnischen Institutionen in Verbindung. Er wollte von der österreichischen Niederlassung des Kattowitzer Reisebüros, bei dem

Wojczik seine Reise gebucht hatte, eine Liste aller Reiseteilnehmer. Er musste warten. Wochenlang. Dann bekam er die Liste – der falschen Busreise. Wieder warten. Die nächste Liste war unvollständig. Hickhack. Und endlich die richtige und vollständige Liste. Namen allein jedoch nützten Fitz wenig. Er brauchte auch Lichtbilder von allen Reiseteilnehmern. Abermals verstrichen Monate.

Schließlich legte er den Zeugen in St. Valentin die Fotos vor. Sowohl der Bauer, für den Wojczik und sein Begleiter gearbeitet hatten, als auch das Ehepaar, das Wojczik besucht hatte, erkannten den zweiten Mann. Es war Bruno Wazilowski, 27 Jahre alt, arbeitsloser Bergbau-Kumpel aus Kattowitz. Inzwischen hielt der Gesuchte sich wieder in seiner Heimatstadt auf.

Wojczik hatte Wazilowski auf der Reise nach Österreich kennen gelernt und sich mit ihm zusammengetan. Eines Nachts, am 21. Juli 1988, wollten sie sich, wie geplant, nach Deutschland aufmachen und später von dort in die USA gelangen. Wazilowski kam allein in seine Pension zurück, um sein vorerst zurückgelassenes Gepäck abzuholen. Seine Quartiergeber sagten aus, er wäre ziemlich schmutzig gewesen und hätte erklärt, dass er nun doch lieber allein nach Deutschland wolle, weil Wojczik angeblich bei einem Landwirt in der Nähe Arbeit gefunden hätte.

»Da war für uns klar: Der war 's«, erinnert sich Fahnder Karl Fitz. »Wir haben in Polen ein Einvernahme-Ersuchen beantragt, aber die Genehmigung nur im Rahmen eines Zivilverfahrens erhalten. Das heißt, wir durften ihn nur als Zeugen vernehmen.« Gemeinsam mit einem Kollegen fuhr Fitz in die oberschlesische Bergbaustadt. Wazilowski aber sollte er nie zu Gesicht bekommen.

Man hatte ihn vorgeladen. Er saß auf einem Stuhl in der Küche seiner dürftigen Kattowitzer Unterkunft. Der eingeschriebene Brief glitt ihm aus der Hand. Sein Kinn sank an die Brust, er war ein Abbild von Schuld, Scham und unendlicher Resignation. 1 000 Dollar. Er hatte die Gelegenheit ergriffen – seinen Reisegefährten erschlagen und beraubt. Bevor der Untersuchungsrichter und die beiden Beamten der niederösterreichischen Mordgruppe ihn einvernehmen konnten, erhängte sich Wazilowski.

Gerichtsmediziner Zoller bringt sein Motiv auf den Punkt: »›Der hat Geld. Den stir' ich jetzt ab und bring' ihn um.‹«

Fahnder Fitz sieht es noch pragmatischer: »Ein stärkeres Schuldeingeständnis gibt es nicht. Mit seinem Selbstmord hat er dem Staat letztlich eine Menge Geld erspart.«

Wie auch immer, allein das Brotzetterl legte die Spur nach Polen. Hätte Georg Zoller nicht den Darm der halb verwesten Leiche ausgespült, hätte man vermutlich nie in diese Richtung ermittelt.

WAFFEN, WEIN UND SEX
oder
Selbstmord von fremder Hand?

Waffengegner bekräftigen immer wieder, dass der private Besitz von Schusswaffen Gewalttaten fördere. Waffenliebhaber halten dagegen, es sei naiv zu glauben, durch Verbieten dieser Tatmittel ließe sich die Kriminalitätsrate senken. Man könnte viele Fallbeispiele anführen, die die Argumentation der einen oder der anderen Seite untermauern. Fest steht: Hätte man im Hause Tegetthof keine Schusswaffen aufbewahrt, wäre überhaupt nichts geschehen. Zumindest nicht in jener Silvesternacht.

1. Jänner, 8.32 Uhr. In die Rettungszentrale einer niederösterreichischen Kleinstadt ging ein Notruf ein. »Jemand ist angeschossen«, meldete sich eine Frau am Telefon. »Kommen Sie schnell – bitte!«

Der Diensthabende in der Funkleitstelle des Roten Kreuzes fragte mit einer Ruhe, die der Hilfesuchenden wie beißender Hohn erscheinen mochte: »Wie ist Ihr Name?«

»Karola Keppler«, erhielt er zur Antwort.

»Wer wurde angeschossen?«

»Der Thomas – kommen Sie schnell!«

»Wohin sollen wir kommen?«

»Zu den Tegetthofs«, in deren Haus in einem Villenviertel am Rand der Kleinstadt, wie der Rettungsbedienstete von der aufgeregten Frau erfuhr.

Zehn Minuten später rief Karola Keppler noch einmal an. »Bitte – es ist dringend. Er stirbt!«

Der Rotkreuz-Mann beruhigte die Frau. »Der Rettungswagen muss jeden Moment bei Ihnen sein.«

Um 8.43 Uhr traf tatsächlich ein Ersthelfer beim Haus der Tegetthofs ein. Es war der Gemeindearzt Doktor Otto Kluger, den

Karola Keppler gleich nach ihrem ersten Telefonat mit der Rettungsstelle angerufen hatte. Auch der Diensthabende der Funkleitzentrale hatte den Allgemeinmediziner über einen Schussnotfall unklarer Situation informiert und eine Adresse genannt, die Kluger vertraut war. »Bei den Tegetthofs?«, hatte er nachgefragt und ein Ja zur Antwort erhalten.

Kluger kannte die Familie seit gut 20 Jahren. Da waren Doktor Thomas Tegetthof, 45, ein Orthopäde mit eigener Praxis, dessen Ehefrau Margit, 47, und die Kinder – Tochter Sabrina, 17, und Sohn Oliver, 15. Eine Vorzeigefamilie. Von außen betrachtet.

Doktor Kluger kannte die Innenansicht. Früher hatte er privaten Kontakt zu den Tegetthofs gepflegt, eine Verbindung, die mit der Zeit immer loser geworden und schließlich abgerissen war. Vor rund einem halben Jahr aber hatte Thomas Tegetthof Klugers ärztlichen Rat gesucht. Erhöhter Blutdruck, so das körperliche Symptom. Es steckte etwas anderes dahinter, ein ganzes Bündel von Ursachen sogar: beruflicher Stress, übermäßiger Alkoholkonsum, eine handfeste Depression. Kluger riet seinem Facharzt-Kollegen – wie er im Übrigen jedem anderen Patienten mit demselbem Krankheitsbild geraten hätte – zur Mäßigung im Umgang mit Alkohol und zum Stress-Abbau durch autogenes Training. Er verschrieb Tegetthof blutdrucksenkende Medikamente, die, zusammen mit einer Änderung des Lebensstils, seinen Gesundheitszustand verbessern sollten.

Was sie auch taten. Kluger erinnerte sich an die Worte, die Tegetthof bei einem Blutdruck-Check einige Wochen später geäußert hatte: »Ich bin dir sehr dankbar dafür, Otto.«

Tegetthofs Dankbarkeit währte nicht lange. Zwei Monate später, im Herbst, verletzte er sich mit einer Bohrmaschine an der Hand. Als Doktor Kluger die Wunde verarztete, wollte er auch gleich Tegetthofs Blutwerte kontrollieren. Doch der Patient wehrte ab. »Das ist momentan ungünstig«, sagte er und versicherte: »Meine Blutwerte sind in Ordnung.«

Kluger glaubte ihm nicht. Er vermutete, dass Tegetthof wieder Alkohol getrunken hatte. Da packte er die Gelegenheit beim Schopf und sprach seinen Freund auf dessen Ehefrau an. »Ich finde, Margit hat sich in letzter Zeit stark verändert.« In Gedanken setzte Kluger hinzu: Besorgnis erregend, wie sehr sie ihr Äußeres vernachlässigt. Dann empfahl er: »Es wäre gut, wenn sie zu einer Vorsorgeuntersuchung kommt.«

Woraufhin Tegetthof meinte: »Darüber musst du schon mit ihr selber reden!«

Die schroffe Antwort des Freundes ließ in Kluger die Alarmglocken schrillen. Natürlich wusste er, dass es mit der Ehe der Tegetthofs nicht zum Besten stand. Von Anfang an hatte es wenige Gemeinsamkeiten gegeben. Margit, einst Krankenschwester im örtlichen Hospital, später Sprechstundenhilfe in der Ordination* ihres Mannes, nunmehr zweifache Mutter und mustergültige Managerin des Haushaltes, war eine extravertierte Frau. Klugers Beobachtung zufolge mochte sie lustige Unterhaltung, liebte gesellige Zusammenkünfte und lud gerne Gäste ein. Kurzum, sie war das gerade Gegenteil ihres Mannes.

Thomas Tegetthof verkörperte, wie Kluger wusste, den nach innen gekehrten Intellektuellen. Thomas schätzte die Lektüre guter Bücher, zog ein Zweiergespräch jederzeit einer größeren Gesellschaft vor, ließ die Empfänge seiner Gattin mit dumpfer Resignation über sich ergehen und neigte dazu, persönliche Probleme mit seiner Arbeit zu kompensieren.

Otto Kluger wusste auch, dass die familiäre Situation zwischen den Eheleuten Tegetthof wiederholt eskaliert war. In der Gerüchteküche einer Kleinstadt brodelte es halt regelmäßig. Aber dass Thomas und Margit sich bereits so weit auseinander gelebt hatten, dass sie nicht einmal mehr über einen Untersuchungstermin sprechen konnten, war Kluger neu.

Behutsam erkundigte er sich nach Tegetthofs seelischem Befinden. Mit dem Ergebnis, dass sein Bemühen in die Bemerkung seines Patienten mündete: »Weißt eh, ich bin einfach zu feig, mich zu erschießen. Darum geh' ich so mit meinem Körper um.«

Kluger war erschüttert gewesen. Er hatte Tegetthof ins Gewissen geredet, sich einer Psychotherapie zu unterziehen, und ihm dringend zur Einnahme von Antidepressiva geraten. Aber Tegetthof hatte bloß gleichgültig gemeint: »Was soll das an meinen Lebensumständen ändern?«

Wenige Tage nach den tragischen Ereignissen in der Silvesternacht erfuhr Kluger, dass Thomas Tegetthof sich kurz vor Weihnachten im Beisein eines anderen Bekannten den Lauf einer seiner ungeladenen Pistolen in den Mund gesteckt, abgedrückt und gesagt hatte: »Eigentlich ist es ganz einfach.«

Jetzt, am Neujahrsmorgen, kam Doktor Otto Kluger an der Adresse der Tegetthofs an. Es war ein schönes Anwesen – der schneebedeckte Garten, das geräumige Haus mit ausgebautem Dachgeschoss und großzügigem Wintergarten. Karola Keppler trat aus der Tür. Mehrmals hatte sie in den letzten Wochen bei Kluger nachgefragt, wie man ihren Freunden, den Tegetthofs, helfen könnte. Kluger hatte jedes Mal dasselbe erwidert: Nur eine Psychotherapie wäre zielführend.

Hätte er sich Thomas Tegetthof gegenüber hartnäckiger zeigen sollen? Hätte er von sich aus Margit Tegetthof kontaktieren sollen? Wären die beiden bereit gewesen, sich ihren Schwierigkeiten zu stellen? Hätte, wäre – alles Spekulationen, die das menschliche Gewissen nach folgenschweren Begebenheiten hervorbrachte und die das Alter Ego umgehend zerstreute. Nein, er, Kluger, hätte das Geschehene nicht verhindern können, zumal er keinen blassen Schimmer davon hatte, dass Tegetthof sich ein ansehnliches Arsenal an Faustfeuerwaffen zugelegt hatte.

Dennoch, als der Rotkreuz-Mann ihn vor gut zehn Minuten von dem Schussnotfall unbekannter Situation unterrichtet hatte, war der erste Gedanke, der in Kluger aufblitzte: Thomas Tegetthof hat seine Selbstmord-Ankündigung wahr gemacht.

Nun trat Karola Keppler vor die Tür, rief Kluger entgegen: »Der Thomas ist angeschossen!«, und er dachte dasselbe wie vorhin: Mein Gott, Tegetthof hat versucht, sich umzubringen!

Kluger folgte Karola Keppler ins Esszimmer. Dort stieß er auf das Drunter und Drüber einer von etlichen Leuten durchfeierten Nacht. Die vielen leeren Wein-, Bier- und Sektflaschen zeugten davon, dass reichlich Alkohol geflossen war.

Thomas Tegetthof saß auf einem Sessel. Er bot einen entsetzlichen Anblick. Sein Gesicht war blutüberströmt, seine Kleidung blutdurchtränkt. Unter dem Sessel – eine Blutlache. Und das Entsetzlichste: Tegetthofs rechtes Auge war aus der Augenhöhle getreten, eine seltsame Erhöhung deformierte seine linke Schläfe. Tegetthof selbst röchelte nur noch. Seine Frau Margit beatmete ihn. Sie wollte nicht damit aufhören, als Kluger ihr befahl: »Wir legen ihn auf den Boden!«

Der Arzt bemühte sich nach Kräften, den verletzten Freund zu reanimieren, aber dessen Frau, die gelernte Krankenschwester, drängte sich immer wieder dazwischen. »Ich muss weitermachen!«, schrie sie. »Behinder' mich nicht!«

In dem Bewusstsein, dass Margit Tegetthof ihren Beruf schon seit Jahren nicht mehr ausübte, schrie Kluger zurück: »Ich lös' dich ab!«

Dieser Revolver ist die Tatwaffe.

Doktor Kluger sah den Trommelrevolver, der etwa eineinhalb Meter vom Verletzten entfernt auf dem Boden lag, während er mit der Reanimation fortfuhr und rief: »Thomas! Thomas, sag etwas!«, doch der Schwerstverletzte blieb unansprechbar. Kluger wunderte sich, dass er überhaupt noch Anzeichen von Leben zeigte. Er versuchte, Tegetthof, der aus dem Mund blutete, in den Kehlkopf zu intubieren. Aber dieser erste Versuch misslang, denn Tegetthof schlug unkontrolliert um sich.

Seine Frau, deren Gesicht und Hände blutverschmiert waren, raufte sich das strähnige Haar und jammerte: »Tommi, Tommi, was hab' ich dir angetan? Du darfst nicht sterben!«

Kluger bemerkte, dass sie stark alkoholisiert und gänzlich außer sich war. Beim zweiten Versuch platzierte er den Beatmungsschlauch richtig. Er vernahm Atemgeräusche aus dem Tubus.

Inzwischen traf der Rettungswagen mit zwei Sanitätern ein, etwas später landete der Notarzthubschrauber. Dem Notfallmediziner gelang es nach langwieriger Erstversorgung, Thomas Tegetthofs Kreislaufzustand zu stabilisieren. Er wurde in die Wiener Universitätsklinik für Unfallchirurgie geflogen.

Doktor Kluger blieb mit der Frau des Verletzten, deren Freundin Karola Keppler und den ebenfalls eingetroffenen Gendarmerie-Beamten im Haus zurück. Im Obergeschoss hatten sich Tegetthofs Tochter Sabrina, sein Sohn Oliver und Karola Kepplers Tochter Carmen, die im selben Alter wie die beiden Geschwister war, entgeistert ins Kinderzimmer zurückgezogen. Sie hatten oben geschlafen und waren durch laute Knalle und hysterisches Geschrei geweckt worden.

Weinkrämpfe schüttelten nun Margit Tegetthof. »Ich will nicht mehr leben«, schluchzte sie. »Ich bin schuld!«

Kluger legte seinen Arm um sie und versuchte, sie mit tröstenden Worten zu beruhigen. Plötzlich hob einer der Gendarmen seinen Blick zur Zimmerecke. Kluger folgte seinem Blick und sah, was auch der uniformierte Beamte sah: einen Einschuss neben dem Luster*. Ein anderer Gendarm entlud den Revolver, indem er vier volle Patronen und zwei leere Patronenhülsen herausnahm.

Erst da dämmerte Doktor Kluger, dass zweimal geschossen worden sein musste und Margits Selbstbezichtigung sich nicht notwendigerweise auf die vorangegangenen Auseinandersetzungen mit ihrem Mann bezog. Er erkannte bestürzt, was ihr »Ich bin schuld!« ebenso gut bedeuten konnte: Thomas Tegetthof hatte nicht die Waffe gegen sich selbst gerichtet. Es war seine Frau Margit, die ihm ins Gesicht geschossen hatte.

Im Laufe des Vormittags trafen die Kriminalisten der Tatortgruppe im Haus der Tegetthofs ein. Ihre Augen waren geschult: sie fanden das Projektil, das den Hausherren lebensgefährlich verletzt hatte, hinter einem Blumentopf im angrenzenden Wintergarten.

Auch die Augen der Fahndungsbeamten waren geschult – auf die Entdeckung von Gegenständen, die am Tatort eigentlich fehl am Platz waren. Auf dem Esstisch hatte alles seine Richtigkeit. Die leeren Flaschen und gebrauchten Gläser, Teller voll mit Kekskrümeln, Schüsseln mit Chips- und Salzstangen-Resten. An den Wänden Kinderfotos, auf den Bänken Zierkissen, ein Perserläufer auf dem Boden, der Kachelofen. Doch halt. Was lag neben dem Schaffell auf der Ofenbank? Ein Tanga-Slip aus schwarzer Spitze.

Was hatte der hier verloren? Es bestand dringender Erklärungsbedarf. Später, im taktisch günstigsten Augenblick.

Unterdessen führten die Tatortbeamten Schusshandsicherungen an den beiden zur Tatzeit im Esszimmer anwesenden Personen durch. Dafür verwendeten sie spezielle Stempel mit ein mal ein Zentimeter großen, klebenden Flächen, den so genannten Lite Tabs, und tupften damit tatrelevante Stellen – Finger, Handflächen etc. – ab. Anschließend verpackten sie die Tabs in einer Schutzfolie, brachten sie ins Labor und suchten sie unter einem Rasterelektronenmikroskop nach Schmauchpartikeln ab.

Bei Karola Keppler brachte der Test, wie erwartet, ein negatives Ergebnis. An Margit Tegetthofs rechter Hand aber stellten die Kriminalisten Schmauchspuren fest, die eindeutig bewiesen, dass sie die beiden Schüsse abgefeuert hatte.

Margit sank auf die Knie – in die Blutlache. »Tommi! Tommi!«, schrie sie wie von Sinnen. »Ich will erschossen werden!« Erst nach intensivem Zureden konnten die Beamten der Mordgruppe sie zum Aufstehen und Mitkommen bewegen.

Weil sie sich in einem psychischen Ausnahmezustand befand und akute Suizidgefahr bestand, verfügte Doktor Kluger nach Paragraf acht des Unterbringungsgesetzes Margits Einweisung in eine psychiatrische Anstalt. Der mittlerweile benachrichtige Untersuchungsrichter stellte die Verhängung der Untersuchungshaft in Aussicht und schloss sich Klugers Entscheidung an. Die Anstalt jedoch lehnte mit der Begründung ab, eine zwangsweise Einweisung wäre auf Grund der gerichtlichen Anordnung nicht möglich.

Daraufhin brachten die Kriminalisten Margit Tegetthof zum örtlichen Gendarmerieposten, verzichteten aber darauf, sie zu vernehmen. Margit sagte lediglich: »Ich weiß nicht, wie das alles passiert ist. Ich weiß nur, dass ich den Revolver in der Hand gehalten hab' und Thomas zu mir gesagt hat: ›Drück ab.‹«

Doktor Kluger nahm ihr noch eine Blutprobe ab, die im Gerichtsmedizinischen Institut auf Alkohol- und Medikamentengehalt hin analysiert werden sollte. Dann wurde Margit Tegetthof wegen Verdachts auf Mordversuch verhaftet und in die Bezirksjustizanstalt überstellt.

Währenddessen kämpften die Operateure an der Wiener Universitätsklinik für Unfallchirurgie um das Leben von Doktor Thomas Tegetthof. Sie sahen, dass das Projektil in den linken Nasenflügel eingedrungen und im Bereich des rechten Ohres wieder ausgetreten war. Das rechte Auge ragte vollständig aus der Augenhöhle heraus, der Sehnerv war abgerissen. Selbst wenn Tegetthof überleben sollte, würde er bleibende Schäden noch unbekannten Ausmaßes davontragen.

Die Operation gelang. Fünf Monate brachte Tegetthof auf der Intensivstation zu, bevor er so weit genesen war, dass er auf die Normalstation verlegt werden und sich im Bett aufsetzen konnte. Zu diesem Zeitpunkt war er imstande, einfache Fragen mit Ja oder Nein zu beantworten. Über die Ereignisse vom 1. Jänner konnte er jedoch keine Auskunft geben.

Es war Mai. Im Juni starb Tegetthof. Eine Lungeninfektion mit *Staphylokokkus aureus* verschlechterte seinen Gesundheitszustand rapide und bewirkte schließlich das Versagen seiner Atmung und seines Herzens.

Für Margit Tegetthof war aus dem Verdacht auf Mordversuch Verdacht auf Mord geworden.

Der einzige Mensch, der Licht in die Geschehnisse bringen konnte, war Karola Keppler. Sie war seit vier Jahren eng mit Margit Tegetthof befreundet und wusste, dass Margit schon zwei Jahrzehnte lang unter ihrer unglücklichen Ehe litt.

Keppler gab gegenüber den Kriminalisten der Mordgruppe am Nachmittag des 1. Jänner Folgendes zu Protokoll:

»Am 31. Dezember haben wir uns abends um acht Uhr mit einigen Bekannten beim Heurigen getroffen. Es waren insgesamt sieben Ehepaare mit ihren Kindern im Alter von 14 bis 17. Wie vorher abgemacht, gingen wir gegen halb zwölf zu den Tegetthofs und feierten dort im Freien den Jahreswechsel. Die Kinder hatten Iglus gebaut, es gab Feuerzangenbowle, wir tanzten. Um Mitternacht haben wir dann ein Feuerwerk abgeschossen und sind anschließend, weil uns kühl geworden ist, ins Haus gegangen. Meine Tochter Carmen ging mit Sabrina und Oliver Tegetthof ins Dachgeschoss, um dort die Nacht zu verbringen. Wir Erwachsenen saßen im Esszimmer beisammen. Nach und nach verabschiedeten sich die Gäste. Mein Mann war nicht mit zu den Tegetthofs gekommen, weil er müde und ihm nicht zum Feiern zu Mute war. Ich hab' ihn vorher mit dem Auto nach Hause gebracht. So bin ich dann ab zirka 5.30 Uhr mit Margit und Thomas allein gewesen.«

Von da an hatte das Verhängnis seinen Lauf genommen. Die drei Beteiligten waren betrunken. Margit Tegetthof hatte laut gerichtsmedizinischer Untersuchung über eineinhalb Promille Alkohol im Blut. Sie beklagte sich darüber, wie sehr ihr Ehemann sie vernachlässigte. Ihre Vorwürfe wären unhaltbar, erwiderte Thomas, er hätte es ihr doch nie an etwas abgehen lassen.

»Ich hab' versucht, den Streit zu schlichten, und den beiden geraten, eine Therapie zu machen«, sagte Karola Keppler. »Plötzlich ist Thomas ohne ersichtlichen Grund ins Obergeschoss gegangen und nach ein paar Minuten mit einem Revolver zurückgekommen. Was er damit wollte, hat er nicht gesagt. Margit hat ihm einen Stoß gegen den Oberkörper gegeben, woraufhin Thomas sie warnte: ›Stoß mich nicht, die Waffe ist geladen!‹«

Karola war erschrocken vom Esstisch aufgestanden. Sie nahm Tegetthof den Revolver aus der Hand, legte ihn auf die Ofenbank und mahnte: »Hör auf, Thomas! Das sind keine Spielchen mehr.« Sie dachte, dass Tegetthof sich lediglich in Szene setzen wollte, und nahm wieder am Esstisch Platz. Auch Tegetthof setzte sich, während nun seine Frau den Revolver von der Ofenbank nahm. Wieder hatte Karola Keppler sich nichts dabei gedacht. »Margit hat ja früher Schießübungen gemacht«, erzählte sie den Kriminalisten. »Ich hab' angenommen, dass sie mit Waffen umgehen kann.«

Für Keppler völlig überraschend schoss Margit Tegetthof, die in der Nähe ihres Mannes stand, in die Zimmerdecke. Es gab einen lauten Knall, der Rauch des Pulvers stieg in dünnen Schwaden auf. Heftige Worte flogen hin und her. Margit, nur einen Meter von Thomas entfernt, richtete die Waffe gegen sein Gesicht und drückte ab.

Wieder ein lauter Knall, wieder Rauch. Thomas sackte zusammen und wurde grau im Gesicht. Margit schwieg. »Ich glaube, es ist ihr erst nach einigen Sekunden bewusst geworden, was sie angerichtet hat«, erzählte Karola Keppler den Vernehmungsbeamten. »Für mich war das alles wie ein Albtraum. Ich nehme an, dass Margit den Schuss nur aus Versehen abgefeuert hat. ›Tommi, Tommi!‹, hat sie geschrieen, ›Was hab' ich getan? – Karola, hilf mir!‹ Da bin ich zum Telefon ins Vorzimmer gelaufen und hab' die Rettung angerufen.«

»Was hat Margit Tegetthof jetzt gemacht?«, fragten die Beamten.

»Sie hatte offensichtlich einen Nervenzusammenbruch und begann mit Herzmassage und Mund-zu-Mund-Beatmung.«

»Wie viel Alkohol hat sie getrunken?«

»Das weiß ich nicht. Sie ist aber voll zurechnungsfähig gewesen, weil sie mit uns diskutieren und auch einwandfrei gehen konnte.«

Nun sind Fahndungskriminalisten von Berufs wegen misstrauisch. Sie achten auf Brüche in Zeugenaussagen, auf kleine Ungereimtheiten, auf unausgesprochene Tatsachen. Ist ihr Instinkt erst erwacht, haben sie das dringende Verlangen, an der Oberfläche zu kratzen und zu ergründen, was sich wirklich zugetragen hat. Im Fall Tegetthof war es ein von der Zeugin unerwähntes Indiz – konkret der schwarze Tangaslip, den sie auf der Ofenbank gefunden hatten. Er entfachte ihren Eifer. Tags darauf, am 2. Jänner, hielten sie den taktisch günstigsten Augenblick für gekommen und konfrontierten Karola Keppler mit ihrer Entdeckung.

»Der kann nur Margit gehören«, sagte sie. »Sie wollte schlafen gehen.«

»Das ist aber merkwürdig«, sinnierte Karl Fitz von der Mordgruppe hörbar.

Keppler schnappte den Köder. »Wieso?«

»Na ja, das Schlafzimmer ist im Obergeschoss. Also, wenn ich schlafen will, gehe ich hinauf und zieh' mich dort aus.«

Keppler zuckte die Achseln. »Vielleicht war ihr heiß.«

»Apropos heiß«, spielte Fitz die nächste Karte aus. »Sie wissen doch, dass die Sauna eingeschaltet war, oder?«

Kepplers Pupillen wanderten unstet umher. Was sollte sie antworten? Sie entschloss sich für ein »Ja« und lieferte auch gleich die Erklärung. »Margit wollte mit mir in die Sauna gehen. Aber ich hab' das abgelehnt.«

Die Ablehnung kam Fitz ein bisschen zu heftig. In verbindlichem Ton sagte er: »Frau Keppler, erzählen Sie uns doch, was sich wirklich zwischen Ihnen dreien abgespielt hat.«

Einige Sekunden der Unsicherheit verstrichen. Dann atmete Karola tief durch und begann: »Margit hat geklagt, dass Thomas sie nicht liebt und sie Sex vermisst. Ich bin zuerst auf der Stirnseite des Tisches gesessen, links von mir saß Margit, neben ihr Thomas. Wer von den beiden mich aufgefordert hat, ich soll mich zwischen sie setzen, weiß ich nicht mehr. Ich hab' es getan. Thomas hat seine Hand auf meine Schulter gelegt, und Margit hat mich umarmt. Ich glaube, sie wollte mich liebkosen. Ich hab' ihre Zuneigungen zurückgewiesen und mich wieder auf meinen Platz gesetzt. Ich erklärte den beiden, dass ich Sex nur mit Liebe machen kann, sonst nicht. Darauf haben sie gemeint: ›Karola, du bist fad‹ und ›Meine Güte, bist du spießbürgerlich.‹«

»Und dann hat Tegetthof den Revolver geholt?«

»Ja. Mir ist bis heute unerklärlich, weshalb. Vielleicht um zu protzen, sich interessant zu machen? Als er zurückkam, hielt er die Waffe in der rechten Hand, und Margit schmiegte sich mehrmals an seine rechte Körperseite. Ich glaube, sie wollte ihn provozieren. Da hat Thomas zu ihr gesagt: ›Pass auf, die Waffe ist aber geladen.‹ Darüber bin ich sehr erschrocken. Ich konnte Thomas den Revolver ruhig aus der Hand nehmen und ihn auf die Ofenbank legen. Das Weitere hat sich so abgespielt, wie ich gestern ausgesagt habe.«

Fitz fragte die Zeugin noch etwas anderes: »Haben Sie gehört, dass Tegetthof vor dem zweiten Schuss gesagt hat: ›Drück ab!‹?«

»Nein«, bekräftigte Keppler. »Etwas Derartiges habe ich mit Sicherheit nicht gehört. Ich hab' auch nicht gesehen, wie Margit den Revolver auf Thomas gerichtet hat.«

Nicht gehört, nicht gesehen, dachte Fitz. Ob er wohl je erfahren würde, was sich tatsächlich zugetragen hatte?

Am nächsten Tag, dem 3. Jänner, war Margit Tegetthof vernehmungsfähig. Sie musste zwar nicht aussagen, aber sie tat es freiwillig. Auch der Untersuchungsrichter war dabei.

Margits Erinnerung an die frühen Morgenstunden, jene Zeit also, in der nur sie, ihr Mann und Karola Keppler im Esszimmer anwesend waren, wies große Lücken auf. »Wir haben uns über unsere Beziehung unterhalten – dass mein Mann mich nie geliebt hat. Er hat mir zugestimmt, aber gemeint, dass er mich gern hat.« Kurze Pause. »Ab dann weiß ich nichts mehr.«

Sollten die Ermittler ihr das glauben? Sie waren argwöhnisch, wo Margit Tegetthof ihnen doch gerade eben den Verlauf des Silvesterabends und der Neujahrsfeier bis ins Detail geschildert und haarklein berichtet hatte, wann wer gekommen beziehungsweise gegangen war, was wann gegessen und getrunken wurde, wer in wessen Auto mitgefahren war.

»Ab wann setzt denn Ihre Erinnerung wieder ein?«, erkundigte sich Karl Fitz.

Margit Tegetthof überlegte. »Als er gesagt hat: ›Drück doch ab!‹ Ich hab' mir gedacht, da passiert eh nichts, die Waffe ist ja nicht geladen, und dann hat es gekracht.«

Fitz insistierte: »Hat er wirklich gesagt: ›Drück doch ab!‹?«

»Ja. Ich kann mich erinnern, dass er gesagt hat ›Drück ab‹ oder etwas in der Richtung. Ich kann mich auch noch erinnern, dass ich das für einen Scherz hielt. Ich hab' mir gedacht: Wie kommt diese Waffe da her? Es würde doch niemand eine Waffe herlegen, die geladen ist.«

»Sie war aber geladen. Sie haben doch eine Minute vorher damit in die Decke geschossen.«

»Daran fehlt mir die Erinnerung.«

»Aha«, machte Fitz bedeutungsvoll.

Was den zweiten Schuss betraf, gab Margit Tegetthof an: »Ich glaube, ich hab' gesagt: ›Bist du wahnsinnig, die war ja geladen!‹«

»Wie haben Sie die Waffe gehalten?«

»Ich weiß es nicht.«

»Von wo haben Sie sie hergenommen?«

Wieder: »Ich weiß es nicht.«

»Als Sie den Schuss abgefeuert haben, sind Sie da gestanden, gesessen oder gelegen?«

Abermals Nichtwissen. Wie auch ihren Slip betreffend. »Ich weiß nicht, warum ich ihn im Untergeschoss ausgezogen habe.«

Margit Tegetthof konnte – oder wollte – sich nur noch an das Gesicht ihres Mannes nach der Schussabgabe erinnern. Diesen Anblick wird sie wohl nie vergessen. Sie fügte ihrer Aussage hinzu: »Es ist schrecklich. Mein Leben ist aus und vorbei.«

»Das ihres Mannes auch«, meint Karl Fitz von der Mordgruppe heute. Für ihn ist die Angelegenheit unbefriedigend. »Brunetti und Wallander hätten bis Seite 349 weiterfragen können, um dann auf Seite 350 dem beeindruckten Leser die unumstößliche Wahrheit zu präsentieren. Wir aber mussten aufhören.«

Fitz findet es keineswegs glaubwürdig, dass Margit Tegetthofs Erinnerung praktisch ausgelöscht und sie sich ihrer Handlungen nicht bewusst gewesen sein soll. »Ein Mensch von ihrer Intelligenz hätte trotz der Trunkenheit wissen müssen, was er anrichtet, wenn er eine Waffe aus so geringer Distanz abfeuert. Vor allem, wenn er vorher schon in die Decke geschossen hat.

Außerdem war sie öfters mit ihrem Mann auf dem Schießplatz«, setzt Fitz noch hinzu und resümiert: »Im Grunde halte ich es nicht für gerecht, was letztlich dabei herausgekommen ist.«

Sein Chef meint zum Fall Tegetthof: »Die haben alle bunt durcheinander gelogen – Schock hin oder her.«

Es gab tatsächlich bemerkenswerte Widersprüche. Karola Kepplers Tochter Carmen etwa sagte aus, ihre Mutter habe die Rettung nicht sofort nach den Schüssen, sondern erst eine halbe Stunde später angerufen. Doktor Otto Kluger sprach den Kriminalisten gegenüber zunächst von einer Glock neun Millimeter, die er am Tatort liegen gesehen habe – einer Pistole, die sich neben anderen Schusswaffen auch im Tegetthof'schen Waffenschrank befand. Wäre ihm dieser Fehler unterlaufen, wenn er, wie behauptet, keinen blassen Schimmer vom Waffenarsenal seines Freundes gehabt hätte?

Dessen ungeachtet gab Kluger zu bedenken: »Unter diesen Personen wäre das alles im nüchternen Zustand nie passiert.«

Man kann das Geschehen natürlich auch von der anderen Seite betrachten: Wären keine Waffen im Haus gewesen, wäre nichts geschehen.

Alkohol und Waffen – eine tödliche Kombination. Wie immer man es sieht, diese Binsenweisheit trifft ins Schwarze.

Und was ist nun letztlich dabei herausgekommen?

Margit Tegetthof wurde nach Paragraf 75 Strafgesetzbuch der Prozess gemacht: Mord. Das Urteil: zwölf Jahre Freiheitsstrafe.

Ihr Anwalt legte Berufung ein und erwirkte in einem zweiten Verfahren eine Verurteilung für fahrlässige Tötung im Zustand völliger Berauschung (Paragraf 81 Strafgesetzbuch: fahrlässige Tötung unter besonders gefährlichen Verhältnissen). Seine Mandantin blieb für zweieinhalb Jahre im Gefängnis.

Auch der auffälligste Widerspruch konnte nicht aufgeklärt werden: »Drück ab.« Nur Doktor Thomas Tegetthof selbst könnte beantworten, ob er seine Frau zur Tötung aufgefordert hat. Ließ er einen Selbstmord von fremder Hand ausführen?

KEIN SCHIMPFEN MEHR
oder
Plädoyer für die gerichtliche Obduktion

Die Kemalgasse 24 war nicht gerade die beste Adresse. Ein heruntergekommenes Stadthaus aus der Gründerzeit, von dessen Fassade der Putz abblätterte und dessen Fenster trüb waren wie Regenpfützen im staubigen Asphalt. Die sechs Wohnungen ohne Zentralheizung und mit desolaten elektrischen Leitungen hatte der Besitzer an Einwanderer und Langzeitarbeitslose vermietet. Kurz: In der Kemalgasse 24 logierten Leute, die sich nichts Besseres leisten konnten.

Fritz Hasenöhrl (52) war einer von ihnen, er wohnte im Souterrain. Vor einem halben Jahr hatte der Fließbandarbeiter seinen Job verloren und lebte nun von 700 Euro Arbeitslosen-Unterstützung. Seine Frau Erna war vor vier Monaten mit einem anderen durchgebrannt. Das erzählte er jedem, der es hören wollte – und jedem, der es nicht hören wollte. Nun war er allein. Nur noch die Wohnung sei ihm geblieben, klagte er. Vor allem im Winter ließ Hasenöhrl Obdachlose in seinem Kabinett schlafen. Er hatte Mitleid mit ihnen, und sie durften auch in seiner »Waschküche«, einer dunklen Kammer mit einem kleinen Kellerfenster, ihre Wäsche waschen. Manchmal gab er seinen Logiergästen sogar ein bisschen von seinem Geld ab, denn die meisten von ihnen mussten mit 300 Euro Sozialhilfe oder noch weniger auskommen.

Der erste Schnee fiel Ende November. Drei allein stehende Männer und das Ehepaar Trenkl hatten sich bei Fritz Hasenöhrl einquartiert. Draußen hatte es drei, in der Wohnung immerhin 15 Grad plus. Was man an Heizöl für den Standofen sparte, wurde durch Konsumieren von Bier, Wein und Schnaps wettgemacht. Einschließlich Hasenöhrl selbst waren alle sechs Bewohner mal stark, mal noch stärker alkoholisiert.

Eines Tages, genauer gesagt am frühen Nachmittag des 28. November, beschloss Heidrun Trenkl, den Pullover ihres Mannes zu waschen. Auf dem fleckigen Linoleum-Fußboden der Waschküche standen an einer feuchten, von Schimmel befallenen Wand eine nagelneue Waschmaschine, eine große Tiefkühltruhe und ein verdreckter alter Kühlschrank. Heidrun, nach ausgiebigem Schlaf einigermaßen ausgenüchtert, bemerkte ein plätscherndes Geräusch. Die Waschmaschine? Nein, die Trommel war leer.

Der Schlauch an der Rückseite? Trenkl verrenkte sich umständlich. Weder ihr Körper noch ihr Geist waren an flinke Manöver gewöhnt. Außerdem hatte sie wegen eines Motorrad-Unfalls – ja, in jungen Jahren war sie Motorrad gefahren! – ein kaputtes Hüftgelenk. Und Hunger, Hunger hatte sie auch. Du liebe Zeit! Aus dem Kühlschrank schlug ihr der strenge Geruch von Harzer Käse und verdorbener Knackwurst ins Gesicht. Dann war es wieder da, das plätschernde Geräusch. Sie wollte doch … was eigentlich?

Die Tiefkühltruhe in der Waschküche.

Nachschauen. Essen. Heidrun Trenkl hob den Deckel der Tiefkühltruhe. Die war randvoll. Eine blaue Plastikfolie bedeckte das Gefriergut. Schau dir an, dachte Heidrun, was hat der Fritz denn da drin? Einen Rehbock? Oder gar ein Wildschwein?

Die Folie hatte ein Loch, und aus diesem Loch ragte etwas heraus. Hufe waren es keine, so viel erkannte Heidrun. Vor Schreck ließ sie den Deckel der Kühltruhe fallen.

War es die Möglichkeit? Der Schnaps richtete ja Schlimmes an, mit den kleinen grauen Zellen, ließ einen Manches sehen, was gar nicht da war. Weiße Mäuse und Elefanten, zum Beispiel. Oder Hasen. Große Hasen. War sie, Heidrun, schon im selben Stadium wie der fette Harry? Alle hänselten ihn, weil er sich mit der Seife unterhielt, die in der Vertiefung auf dem Waschbeckenrand lag. Die Seife hätte Augen und Mund und redete zurück, behauptete er.

Heidrun schluckte schwer. Sie musste sicher sein. Also öffnete sie den Deckel der Kühltruhe noch einmal. O nein! Sie schnappte nach Luft.

Sie hatte sich nicht geirrt, es war keine Halluzination. Sie sah zwei menschliche Zehen, die sich, steif gefroren, durch die blaue Plastikfolie gebohrt hatten.

»Ewald!«, schrie Heidrun in heiserem Ton. »Ewald, wach auf!«

Sie hatte den angehaltenen Atem ausgestoßen, all ihren Mut zusammengenommen und die Folie zur Seite geschoben. Dumpf war der Deckel der Tiefkühltruhe ein zweites Mal zugekracht, und Heidrun war ins Kabinett getaumelt.

»Ewald! Ewald!« Sie schüttelte ihren schlafenden Mann. Er hatte gestern Abend einige Biere mehr gehoben als sie.

»Was is' denn? Gib a Ruh'!« Er drehte sich zur Seite.

Heidrun rüttelte stärker. »Ewald, steh auf! In der Waschkuchl. In der Tiefkühltruhe.«

»Was is' da?«, tat er mürrisch ab. »A Ratz?«

»Nein. Da is' –«, sie stockte. Ihre Augen weiteten sich, und ihre Stimme wurde noch rauer. »A Leich' is' da drin!«

»Bist deppert? Geh, lass mich in Ruh'!«

»Wenn ich dir's sag!«

»Du bist ja b'soffen.«

»Ewald«, krächzte sie, »Ewald, so schau halt nach!«

Offenbar fand er keinen Sinn darin, denn er prustete, wie er es immer tat, wenn er sich von seiner Frau sekkiert* fühlte. Trotzdem erhob er sich und hievte, mürrische Laute ausstoßend, seine ungeschlachte Gestalt von der Matratze, rieb sich die geröteten Augen und schwankte in die Waschküche.

Es dauerte eine Weile, bis er zurückkam.

»Hast du s' g'sehen?«, fragte Heidrun atemlos.

Doch er schüttelte bloß träge den Kopf und machte kehrt. In der Waschküche öffnete er die Kühltruhe ein weiteres Mal, schloss sie wieder und ging zurück ins Kabinett.

»Und?«

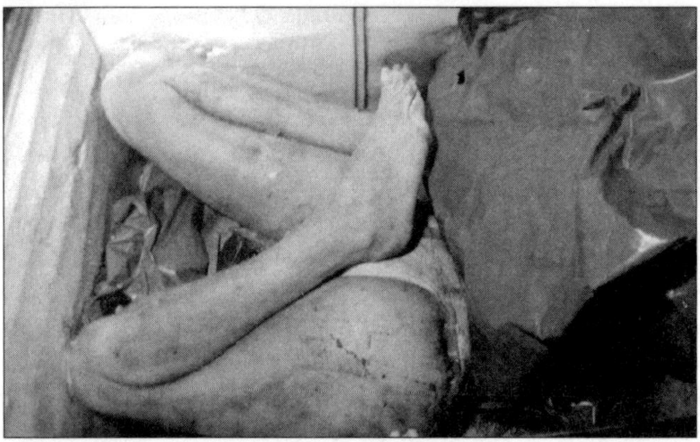

Die Leiche in der Tiefkühltruhe.

Die gebannte Heidrun erhielt keine Antwort. Stattdessen verließ ihr Mann das Zimmer, um sich erneut zu vergewissern.

Ja. Herrgott noch einmal. Da war ein Fuß. Da waren Beine. Da war ein weißer Slip.

Als Ewald zum dritten Mal zurück ins Kabinett kam, starrte Heidrun ihn nur mehr fragend an.

Woraufhin er schlussendlich aufs Bett niedersank. »Na Servus«, sagte er und klatschte die hohlen Hände auf die Wangen. »A Leich'.«

»Wer is' denn das?« Ewald Trenkl rappelte sich auf.

»Die Alte vom Fritz, wahrscheinlich«, wisperte Heidrun. Sie warf grüblerische Blicke in Richtung Schlafzimmer.

Ewald, nun ebenfalls auf der Hut, ahmte ihr Geflüster nach. »Glaubst? Die is' ihm doch davon'gangen.«

»Das sagt er.«

»Du meinst, er hat s' umbracht und in d' Kühltruhe geben?« Ewald konnte es nicht fassen.

»War da nicht noch einer?«, überlegte Heidrun hörbar. »So ein grobes Mannsbild? – Jetzt fallt mir nicht ein, wie der g'heißen hat!«

Doch Ewald hing noch am vorigen Gedanken fest. »Wie lang is' s' denn schon fort?«, fragte er.

»Dort.«

»Naa – fort!«

»Aber sie is' ja nicht fort. Sie is' dort – in der Kühltruhe!«

Nachdem sie ihren Disput beigelegt hatten, kaute Heidrun auf ihrer Unterlippe. Minuten verstrichen, dann sagte sie: »Fünf Monat'.«

Nun wusste Ewald nicht mehr, worauf sich die Zeitangabe bezog. Es folgten weitere Debatten, bis beide den Gipfel des Schaurigen begriffen: Fritz Hasenöhrl hatte fünf Monate lang neben seiner tiefgekühlten Frau gelebt.

»Das is' mir doch gleich spanisch vor'kommen«, bemerkte Heidrun.

»Was?«

»Dass die ihre ganzen Sachen da hat lassen. Die Röck' und die Pullover. Der Fritz hat mir sogar a Paar Schuh' von ihr g'schenkt.«

»Aber –«

»Scht!« Heidrun horchte auf. Schlurfende Schritte im Vorzimmer. Sie lugte durch den Türspalt und sah Hasenöhrl. Er war unterwegs zur Waschküche.

Heidrun knetete den Bund ihrer Weste und verfiel erneut in Flüsterton: »Du, i' glaub', der hat uns g'hört.«

»Was soll'n wir denn jetzt machen?«

»I' weiß nicht.« Erst einmal musste Schnaps her. Heidrun kramte im untersten Kastenfach nach der Flasche und nahm zwei kräftige Züge. Auf diese Weise gestärkt, ließ sie fieberhafte Überlegungen folgen – bis der Entschluss in ihr reifte: »Wir müssen 's melden.«

Auch Ewald leuchtete das ein. »Aber einer muss dableiben.« Erneut ließ er sich aufs Bett nieder, womit er klarstellte, wer der eine sein würde. »I' will nix mit die G'schmierten* z' tun haben.«

Heidrun stieß einen kehligen Laut aus. »Und wie stellst dir das vor? Wie soll i' denn aus der Wohnung kommen, dass er 's nicht merkt?« Womit sie wiederum auf die Tatsache anspielte, dass ihr Quartiergeber, Hasenöhrl, den Schlüssel der versperrten Wohnungstür verwahrte. Ebenso war es unmöglich, direkt aus dem Kabinett zu entkommen. Das Zimmer lag zwar ebenerdig, war aber fensterlos.

»Kraxl' halt durchs Waschkuchl-Fenster.«

Mechanisch strich Heidrun über ihre zerschmetterte Hüfte. »Mit mein' Hax'n?«

»Du hast s' g'funden, d' Leich'«, versetzte Ewald. Unterton: Dein Problem, nicht meins. Er fuchtelte mit den Händen durch die Luft, um noch einmal seine Abneigung gegen die Vertreter der Exekutive zu untermauern.

Heidrun verzog den Mund. Sie meinte Hasenöhrl, als sie einwandte: »Aber er is' ja in der Waschkuchl.«

»Dann wart'st halt, bis er rauskommt.«

Heidrun musste lange warten, denn kaum war Hasenöhrl im Schlafzimmer verschwunden, öffnete sich schon wieder dessen Tür, und er trat von neuem seinen Gang in die Waschküche an. Ein Canossagang? Wie zuvor Ewald Trenkl wiederholte auch Hasenöhrl sein Ritual dreimal.

Schließlich brachte Heidrun es fertig, in die Waschküche zu gelangen, ohne den Weg ihres Quartiergebers zu kreuzen. Mühsam kroch sie aus dem Kellerfenster, das Ewald wenig später hinter ihr schloss. Die Entdeckung der Leiche in der Tiefkühltruhe lag gute drei Stunden zurück, als Heidrun Trenkl in der Telefonzelle an der Ecke Kemalgasse – Badergasse die Nummer 133 wählte.

Für die beiden Gendarmen, die auf den Notruf hin ausrückten, waren die Trenkls keine Unbekannten. Mehrmals hatten sie das Ehepaar von der Straße aufgegriffen. Dass die Frau nicht am genannten Treffpunkt, an der Jet-Tankstelle, erschien, überraschte die Beamten nicht. Sie riefen die Dienststelle an und erfuhren, dass Heidrun sich ein zweites Mal gemeldet hatte und nun angeblich beim China-Restaurant auf sie wartete.

Tatsächlich. Das Scheinwerferlicht streifte ihre füllige Gestalt in der Dunkelheit. Sie hinkte, verströmte den Duft eines stattlichen Quantums Alkohol und war ganz aufgelöst. Dennoch konnte sie den Sachverhalt, den sie bereits am Telefon angegeben hatte, den Beamten gegenüber wiederholen. Im Fond der Funkstreife nahmen sie »die hatscherte Heidi«, wie Trenkl wegen ihres Gebrechens im Obdachlosen-Milieu genannt wurde, in die Kemalgasse 24 mit.

Über ihren Versuch, sich Zugang zum Haus zu verschaffen, schrieben Revierinspektor Klammer und Inspektor Koralowetz später in ihren Bericht: »Um auf das Anwesen zu gelangen, mussten vier der sechs Hausparteien herausgeläutet werden, da Hasenöhrl nicht öffnete, obwohl die Glocke funktionierte und aus einem Fenster der Wohnung Licht sehbar und Lärm hörbar war.«

Schließlich betätigte eine Frau aus dem ersten Stock den Türöffner ihrer Gegensprechanlage. Die Gendarmen kamen vom Gartentor bis zum Hauseingang, weiter allerdings nicht. Die Frau hatte vergessen, die Haustür ebenfalls zu öffnen. Daraufhin zeigte Heidrun Trenkl den Beamten das Waschküchen-Fenster an der Hinterseite des Hauses, aus dem sie aus Hasenöhrls Wohnung entkommen war. Aber Ewald hatte ja das Fenster nach ihrer Flucht verschlossen.

Also, zurück zur Vorderseite. Die Gendarmen klopften an jenes Fenster, aus dem Licht und Lärm drangen. Fünf Männer – Fritz Hasenöhrl und seine Logiergäste, inklusive Ewald Trenkl – waren die Ursache des Krachs, der sich nicht legte. »Aufmachen, Hasenöhrl!«, schrie Revierinspektor Klammer, während sein Kollege Koralowetz durch die Gegensprechanlage die Frau aus dem ersten Stock überredete, die Haustür zu öffnen.

Endlich standen die Gendarmen hinter dem Fenster, in Fritz

Hasenöhrls Schlafzimmer. Aber: Da waren 's nur noch vier. Der Wohnungsinhaber hatte Reißaus genommen.

»Frau Trenkl zeigte nun Revierinspektor Klammer die Waschküche«, heißt es im Polizei-Bericht weiter. »Er öffnete die Tiefkühltruhe und fand die Tote vor. Außerdem stand in diesem Raum das Fenster offen, welches zu Beginn der Amtshandlung geschlossen war.«

Von Hasenöhrl gab es auf dem Grundstück der Kemalgasse 24 keine Spur. Die Beamten konnten nur noch die Bezirksleitzentrale verständigen und eine örtliche Fahndung einleiten.

Die Suche nach Fritz Hasenöhrl verlief zunächst erfolglos. Ein Fährtenhund durchstöberte die umliegenden Gärten. Man kontrollierte Bushaltestellen, Ausfahrtsstraßen und Bahnhöfe. Nach knapp zwei Stunden stellten Gendarmen den Flüchtigen auf dem Gelände des Güterbahnhofs. Sie schnappten ihn, als er sich aus der Dunkelheit löste, um auf einen abfahrenden Zug aufzuspringen. Auf der Dienststelle durchsuchten sie Hasenöhrl und unterzogen ihn einem ersten Verhör. Der Verdächtige gestand zwar, seine Frau in der Tiefkühltruhe versteckt zu haben, leugnete aber das Tötungsdelikt. »Es ist zwar richtig, dass meine Frau Ende Juni ermordet wurde«, gab er zu Protokoll, »aber nicht von mir, sondern von meinem Freund, dem Watschen-Toni.«

Auch kein Unbekannter. »Watschen-Toni« war 38 Jahre alt, schwerer Alkoholiker und hatte bereits mehrere Haftstrafen wegen verschiedener Gewaltdelikte verbüßt. Seinen Spitznamen hatte er sich zu Recht verdient: zum einen, weil er auf Grund seines cholerischen Temperaments mit Vorliebe Prügel austeilte, und zum anderen, weil durch einen Schlag, den er selbst abbekommen hatte, seine Nase platt gedrückt war. Dieser körperliche Makel machte die Fahndung nach ihm einfach. Praktisch jeder im Sandler*-Milieu kannte Anton Česnar, wie »Watschen-Toni« mit amtlichem Namen hieß. Schon am folgenden Vormittag griff die Wiener Polizei ihn auf dem Westbahnhof auf.

Jetzt aber, am späten Abend des 28. November, erzählte Fritz Hasenöhrl den Gendarmen: »Ende Juni hat der Toni mein Kabinett zum Schlafen benützt. Die Erna, meine Frau, hat immer wieder verlangt, dass er aus unserer Wohnung verschwinden soll.«

»Deshalb hat es Streit zwischen ihr und Česnar gegeben?«, erkundigten sich die Beamten.

»Ja. Sie hat auch öfters g'sagt, dass er sie sexuell belästigt. Außerdem hat er s' g'schlagen.«

»Und das haben Sie sich gefallen lassen?«

»Na ja, i' hab' ihm schon deswegen Vorhaltungen g'macht. Aber da hat er mich bedroht. Er is' halt größer und brutaler als i'.«

Brutaler? Der Vergleich machte die Beamten hellhörig. Ohnehin nahmen sie Hasenöhrl nicht das Unschuldslamm ab, das er zu mimen versuchte. Zu derb war seine Erscheinung, zu verschlagen sein Blick. Sie wechselten zum vertraulichen Du, als sie nachfragten: »Und du warst mit der Erna ein Herz und eine Seele?«

»Na ja«, druckste er herum. »Freilich hab'n wir auch g'stritten.«

Ermunternd stießen die Augenbrauen der Ermittler in die Höhe.

»Ja. Ja – g'schlagen hab' i' s' auch«, gab er schließlich zu. »Hin und wieder.«

Hin und wieder, aha.

Eines Abends, eröffnete Hasenöhrl den Beamten, hatten Erna, Toni und er in der Küche gesessen und Rotwein getrunken. Der Junitag war heiß gewesen, die Nacht schwül und in Folge dessen der Durst groß. Alle drei waren bereits betrunken, als Erna müde wurde und sich ins Ehebett im Schlafzimmer legte. Toni und Hasenöhrl blieben in der Küche und besserten den Rotwein mit Schnaps auf. Dabei seien sie nicht eben leise gewesen. Erna schimpfte lautstark aus dem Schlafzimmer, sie wolle ihre Ruhe, der Toni möge »sich schleichen«. Doch Česnar dachte gar nicht daran, sondern begab sich ins Schlafzimmer, um Erna »eine in die Goschn zu hauen«. Daraufhin schwieg Erna für einige Zeit. Als sie wieder zu schimpfen anfing, hatte Česnar ein Fleischmesser aus der Küchenschublade geholt und war damit abermals im Schlafzimmer verschwunden.

Ob er, Hasenöhrl, denn da gar nichts dabei gefunden hätte, fragten die Ermittler.

»Nein. Ich hab' mir gedacht, dass der Toni die Erna mit dem Messer nur bedrohen will.«

Die Beamten ließen sich ihr Misstrauen vorerst nicht anmerken. »Wie lange war Česnar im Schlafzimmer?«

»I' weiß 's nimmer. Und i' hab' auch gar nix g'hört. I' weiß nur, dass das Messer voller Blut war, als er wieder raus'kommen is'. Er hat zu mir g'sagt: ›Jetzt gibt s' a Ruh'.‹«

»Und was hast du dann gemacht?«

»Na, i' bin sofort hinein und hab' g'sehen, dass dort alles voller Blut war. Der Toni hat meiner Frau den Hals durchg'schnitten.« »Bist nicht ganz bei Trost?«, hätte Hasenöhrl nun gefragt, und: »Was soll'n wir denn jetzt machen?«, woraufhin Česnar gemeint hätte: »Abhauen müssen wir, und alles wegräumen.«

»Wieso hast du nicht sofort Anzeige erstattet?«, zeigten sich die Beamten verwundert.

Achselzucken. »I' weiß 's nicht.«

In Wahrheit wunderte die Ermittler nichts mehr. Hasenöhrl und Česnar, erfuhren sie von dem Verhörten, hatten sich wieder in die Küche gesetzt und einen weiteren Doppelliter Wein geleert. Dann waren die beiden fortgegangen. Česnar nahm das Messer mit und warf es in einen der großen Müllcontainer an der Hinterseite eines Einkaufszentrums. Sie fuhren mit dem Zug nach Wien, und nachdem sie in einem Stehbüffet auf dem Westbahnhof Bratwürste verspeist hatten, entfernte Česnar sich unter dem Vorwand, das WC aufzusuchen. Er kam nicht wieder. Hasenöhrl wurde das Warten zu lang, er fuhr allein nach Hause. Im Schlafzimmer sah er noch einmal nach seiner Frau, die leblos mit klaffender Halswunde dalag. Er selbst legte sich zum Schlafen ins Kabinett.

Am nächsten Morgen sah Hasenöhrl sich mit einem schier unlösbaren Problem konfrontiert: Es war ein heißer Tag. Česnar war nicht zurückgekehrt, und seine Frau lag unverändert im Schlafzimmer. Wohin mit ihrer Leiche?

In einer verstaubten Ecke in der Waschküche lehnte ein Spaten. Damit stocherte Hasenöhrl ein wenig in der Gartenerde herum. Nein. Er wischte sich den Schweiß von der Stirn. Ohne Hilfe eine Grube auszuheben, war ihm viel zu mühsam. Außerdem bemerkte er, wie ein Vorhang sich hinter einem Fenster bewegte. Was, wenn die Alte aus dem ersten Stock ihn dabei beobachtete, wie er die Leiche seiner Frau aus der Wohnung schleifte?

Alles in allem keine geeignete Lösung. Irgendetwas aber musste geschehen, denn schon bald würde verräterischer Verwesungsgeruch durch die Türritzen entweichen und sich im ganzen Haus breitmachen.

Da kam Hasenöhrl der Gedanke mit der Tiefkühltruhe. Freilich eine sperrige Angelegenheit. Mit dem Kopf voraus, die Beine fest an den Körper gedrückt, und, weil der Deckel sich noch immer nicht schließen ließ, mit einem Metallkorb zusammengepresst. Schließlich war 's geschafft. Hasenöhrl stülpte einen blauen Plastik-Müllsack über seine tote Frau.

Auch was die Beseitigung der Blutspuren betraf, leistete er ganze Arbeit. Er wusch die blutverschmierte Bettwäsche, tat sie in einen Plastiksack und warf diesen in den Müllcontainer. Die blutdurchtränkten Matratzen zerschnitt er, bevor er sie auf die gleiche Weise entsorgte. Und um das Metallgerüst des Bettes loszuwerden, war der Kelleraushub der nahe gelegenen Großbaustelle wie geschaffen gewesen.

So viel Gründlichkeit für einen Mord, den angeblich ein anderer begangen hatte? So sehr die Ermittler sich auch bemühten, den Verdächtigen zu einem Geständnis zu bewegen, in der Nacht des 28. November blieb Hasenöhrl bei seiner Version. Der Untersuchungsrichter hatte gleichfalls seine Zweifel daran. Er verhängte U-Haft wegen Mordverdachts.

Während Fritz Hasenöhrl die Tat selbst noch leugnete und seinen Kumpel Anton Česnar belastete, traf das Spurensicherungsteam samt gerichtsmedizinischem Sachverständigen am Leichenfundort ein. Der Untersuchungsrichter hatte außerdem eine Obduktion des Leichnams angeordnet, und die Bestatter standen zum Abtransport der Toten bereit. Makaberes Detail: Sie hatten den Aluminium-Sarg vergebens mitgebracht, denn Erna Hasenöhrl war in der Tiefkühltruhe festgefroren. Ihre sterblichen Überreste mussten samt Behältnis ins Gerichtsmedizinische Institut überstellt werden.

Der Obduzent, Professor Georg Zoller, erinnert sich an den bizarren Fall: »Wir mussten zwei Tage lang warten, bis die Leiche aufgetaut und sezierbar war. An sich schaute sie hervorragend aus.«

Abgesehen von ihren Verletzungen natürlich. Zoller fand mehrere tief reichende Schnittverletzungen in der Halsgegend, Stichwunden im Rücken sowie Blutunterlaufungen neben den Augen und auf dem Unterbauch. »Es ist ein Albtraum, so etwas zu beschreiben. In Worte zu fassen, sodass man es sich auch ohne Abbildungen vorstellen kann.«

Erna Hasenöhrl hatte sich gewehrt. An beiden Händen fanden sich Abwehrverletzungen – zwei, drei Zentimeter lange Schnitte an typischen Stellen wie Daumen und Zeigefingern beziehungsweise an den so genannten Schwimmhäuten dazwischen.

»Es handelte sich eindeutig um einen vorsätzlichen, besonders brutalen Mord«, sagt Professor Zoller. »Für uns Gerichtsmediziner stellte sich aber eine brisante Frage: Was ist, wenn jemand einen Mord begeht, die Leiche anschließend in die Tiefkühltruhe legt und sagt, die Tote sei verschwunden? ›Wir haben uns gestritten und uns aus den Augen verloren.‹ Nach einem halben Jahr nimmt er die Leiche, wirft sie in einen Fluss und verschafft sich ein Alibi. Wenig später treibt die Leiche ans Ufer und wird entdeckt. Sie schaut frisch aus. Und wir haben das Problem mit der Todeszeit. Also: Woran können wir erkennen, dass eine Leiche allenfalls tiefgefroren zwischengelagert war?«

Professor Zoller greift auf seinen reichen Fundus an Fotos zurück. »Sehen Sie«, erklärt er, »durch Gefrieren verändern sich die inneren Organe, etwa das Gehirn. Die Eiskristalle bringen die roten Blutkörperchen zum Platzen, das führt zur Hämolyse und färbt das Gewebe rot.«

Nachdrücklich verweist er auf den Lehreffekt für die Gerichtsmedizin. »Eine diffuse Rotfärbung des Gehirns spricht für ein Frieren. Wir sehen an diesem Beispiel, wie bedeutsam die gerichtliche Obduktion ist!«

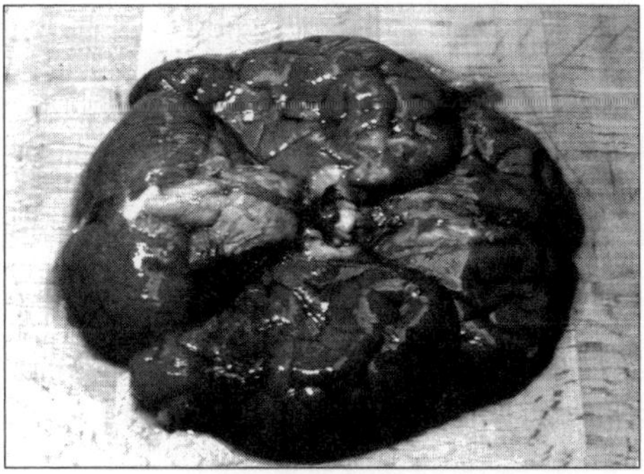

Rotfärbung des Gehirns durch Gefrieren.

Bereits am 29. November, als man Anton Česnar auf dem Westbahnhof aufgriff, kam die ganze schreckliche Wahrheit über den Mord an Erna Hasenöhrl ans Tageslicht. Im Gegensatz zum Ehemann war dessen Freund sofort geständig. »Watschen-Toni« bezeichnete Erna und Fritz Hasenöhrl als schwerste Alkoholiker, die keiner geregelten Arbeit nachgehen konnten. Erna hätte alles Geld »versoffen« und sei im volltrunkenen Zustand sehr streitsüchtig gewesen. Zwischen den Eheleuten sei es auch öfters zu Handgreiflichkeiten gekommen, die Erna aber nie anzeigte.

An den Tag des Mordes, den 15. Juni, erinnere er, Česnar, sich deshalb so genau, weil er an diesem Morgen gemeinsam mit Hasenöhrl seine Sozialhilfe abgeholt hatte. Den restlichen Tag verbrachten die beiden quer durch Wien bummelnd, wobei Česnar für diverse Einkäufe und Konsumationen – vornehmlich Bier – fast die Hälfte seines Sozialhilfe-Geldes wieder ausgab. Auf dem Heimweg versorgten die Gefährten sich dann noch mit zwei Stelzen* und zwei Doppellitern Wein.

In Hasenöhrls Wohnung setzten sie sich an den Küchentisch, um zu essen und zu trinken. Dann wollten sie im Schlafzimmer fernsehen. Das jedoch störte Erna Hasenöhrl, die – zunächst schlafend – im Bett lag. Um halb acht Uhr wachte sie auf und wollte sofort etwas zu trinken. »Vor lauter Rausch hat s' gar nicht aufstehen können«, sagte Anton Česnar missfällig über den Zustand der Frau an jenem Juniabend aus.

Česnar und Hasenöhrl gaben ihr nichts. »Da hat sie mit uns geschimpft. Sie schimpfte während der ganzen Nachrichtensendung und auch zu Beginn des Spielfilms so laut, dass wir keinen Ton verstanden haben.« Und als Erna aufstehen wollte, um sich selbst etwas zu trinken zu holen, packte Česnar sie und stieß sie zurück ins Bett. Dabei schlug ihr Kopf auf der Bettkante auf. »Sie hat sich dann mindestens eine Viertelstunde nicht mehr gerührt. Ich weiß nicht, ob sie bewusstlos war oder nur so eine Ruh' gegeben hat«, meinte Česnar stumpf.

Fritz Hasenöhrl schaltete daraufhin den Fernseher ab und ging mit Česnar zum Karten spielen und Wein trinken in die Küche. »Um zirka neun hat die Erna wieder zu schreien und zu schimpfen angefangen. Sie ist auch immer wieder zu uns hereingekommen und hat uns gestört.«

Nach einer Stunde reichte es Hasenöhrl und Česnar. Der Ehemann nahm das Küchenmesser aus der Lade und sagte zum Freund: »Jetzt bringen wir s' um!«

Beide gingen ins Schlafzimmer. Hasenöhrl stürzte sich sofort auf Erna. »Hilfe, Hilfe!«, schrie sie. »Der bringt mi' um!« Sie wehrte sich nach Kräften. Vergeblich, denn Česnar nahm einen Polster und drückte ihn gegen Ernas Gesicht. »Ich wollte verhindern, dass man ihre Schreie hört«, gab er zu Protokoll.

Hasenöhrl riss seine Frau an den Haaren hoch, stieß ihr das Küchenmesser in den Hals und schnitt ihr die Kehle durch. Um sicher zu gehen, nahm Česnar Hasenöhrl das Messer ab und stach mehrere Male tief in Ernas Rücken. Danach ließen die beiden Männer die leblose, blutüberströmte Frau im Schlafzimmer zurück und setzten sich wieder in die Küche – um sich weiter ihrem Kartenspiel und ihrer Zecherei zu widmen.

Noch am selben Tag, dem 29. November, gab auch Fritz Hasenöhrl, mit Česnars Geständnis konfrontiert, die Tat zu. Seine Schilderung der Abläufe nach dem Mord – etwa das Verstecken der Leiche in der Tiefkühltruhe, die Beseitigung des Messers, der Bettwäsche und der Matratzen – entsprach der Wahrheit. Falsche Angaben hatte er allerdings zur Tat selbst gemacht. Nun stellte er sie richtig.

Seine Aussage deckte sich im Wesentlichen mit der Česnars. »Watschen-Toni« war übrigens deshalb nicht mehr zu seinem Kumpel zurückgekehrt, weil er seiner Lieblingsbeschäftigung nachgegangen war. Polizisten hatten ihn während einer Schlägerei festgenommen, und er verschwand für etliche Wochen in der Strafvollzugsanstalt. Zwar begegnete er Hasenöhrl danach noch zweimal, die beiden wechselten aber kein Wort mehr miteinander.

Als Motiv für die Ermordung seiner Frau nannte Fritz Hasenöhrl Hass. »Sie hat ständig mit mir gekeppelt* und mein ganzes Geld versoffen.« Ungerührt setzte er seinem Geständnis hinzu: »Jetzt kann s' nimmer mit mir schimpfen.«

DIE KINDSMÖRDERIN
oder
Der Seelenmörder

1

Johanna Bramberger tötete ihr Kind, weil sie ein Verhältnis mit ihrem Psychotherapeuten hatte. Über neun Jahre hinweg schaffte sie es nicht, sich dem Einfluss dieses Mannes zu entziehen. So musste erst ein Kind geopfert werden, um einem gewissenlosen Scharlatan das Handwerk zu legen.

Johanna wurde 1963 als Nesthäkchen in eine Bauernfamilie geboren. Ein Häkchen war sie tatsächlich – ein mageres, zartes Mädchen mit demütig gebeugtem Nacken, glattem ockerfarbenen Haar und ernstem Blick aus dunkelbraunen Augen. Nestwärme hingegen bekam sie wenig, denn die Eltern hatten mit der Bewirtschaftung ihres Hofs und der Versorgung ihrer insgesamt sechs Kinder genug zu tun. Auseinandersetzungen der älteren Brüder mit dem Vater kennzeichneten das Aufwachsen. Johanna war die brave, angepasste Tochter. Sie erledigte die ihr aufgetragenen Arbeiten ohne zu murren. Und: sie erledigte sie mustergültig. Sie versuchte stets den Ansprüchen anderer und ihren eigenen hohen Ansprüchen gerecht zu werden.

Wie jedes heranwachsende Mädchen hatte sie Träume. Ein Leben auf dem Bauernhof war nicht Teil davon. Als Johanna nach absolvierter Pflichtschule Krankenschwester werden wollte, waren die Eltern einverstanden. Sie begrüßten ihren Entschluss, denn trotz des offen ausgetragenen Generationenkonflikts würde der älteste Sohn traditionsgemäß den Hof übernehmen, die anderen Kinder aber würden sich eine eigene Existenz aufbauen müssen.

Kaum ein Mädchen schien geeigneter für einen »Pflegeberuf« als Johanna. Während ihre Freundinnen – es gab nicht viele – noch mit

Barbie-Puppen spielten, war sie für andere da. Als 13-Jährige hielt sie das Haus sauber und versorgte die ganze Familie, einschließlich der kranken Mutter, die eine Schilddrüsen-Operation für mehrere Wochen arbeitsunfähig machte. Mit 19, nach der Schwesternschule, trat Johanna ihre erste Stelle in einer Klinik nahe der Großstadt an. Sie wirkte wie eine Unschuld vom Lande. Die handgestrickten pastellfarbenen Westen, die sie damals trug, verstärkten diesen Eindruck. Zwar trat schon bald Doktor Leopold Bramberger in ihr Leben, aber es sollte noch einige Jahre dauern, bis Johannas Schicksal sich zum vermeintlich Besseren wendete. Doktor Bramberger, der attraktive Assistenzarzt, war nämlich verheiratet. Johannas sehnlichster Wunsch schien zunächst unerfüllbar. Sie litt stille Qualen, und dieser seelische Schmerz mündete in eine Depression. Eine Schwesternkollegin, Maria, wusste Rat. »Du musst dir Hilfe von außen suchen«, sagte sie. »Mach eine Therapie.«

Einen Therapeuten hatte Maria auch parat: Doktor Erwin Kargl – jung, groß, schlank. Das dunkle, lange Haar trug er offen bis auf die Schultern fallend, und auf seiner Oberlippe und dem Kinn wuchs ein spärlicher Bart. Er hatte das gewisse Etwas.

Johanna besuchte zehn Monate lang einmal pro Woche Kargls Therapiestunden. Dann ging der studierte Psychologe in die USA. Doch Johanna benötigte die Behandlung ohnehin nicht mehr, denn nach langem Warten hatte sich ihr Wunsch erfüllt: Doktor Brambergers Ehe wurde geschieden. Endlich.

Endlich nahm der Oberarzt von der unscheinbaren Krankenschwester Notiz, die regelmäßig auf seiner Station Dienst tat. Ihr Teint war blass, ihr Gesicht kantig. Bestimmt gab es interessantere Frauen, gewiss gab es schönere. Was Leopold Bramberger zu Johanna hinzog, war vermutlich ihr Anschein von Zerbrechlichkeit. Höchstwahrscheinlich weckte sie seinen Beschützerinstinkt. Vielleicht lockte Bramberger auch die Aura der Melancholie, die Johanna ausstrahlte. Oder seine gescheiterte Ehe, eine persönliche Niederlage, drängte ihn, bald wieder eine neue Beziehung zu beginnen. Jedenfalls meinte er es ernst, und Johanna zog in sein Haus ein. Als sie zwei Jahre später schwanger wurde, heiratete Bramberger sie.

»Als ich das gehört habe, hab' ich mir gedacht, ich bin in einen Arztroman geraten«, sagt Chefermittler Rudolf Benda, »in Klischeevorstellungen nach patriarchalischem Muster, die immer noch in manchen Köpfen herumspuken.«

In den gut drei Jahrzehnten, in denen Benda nun Kriminaldienst versieht, hat er die Erfahrung gemacht, dass gerade solche Beziehungen oft ein verheerendes Ende nehmen. Der Redensart, wonach Gegensätze sich anzögen, kann Benda nichts abgewinnen. »Je ungleicher die Ehepartner, sei es nun in Alter, Herkunft oder Bildungsstand, desto mehr Beziehungsprobleme treten auf.«

In der Ehe der Brambergers stellten sich bereits nach kurzer Zeit Schwierigkeiten ein. Die Schwangerschaft überraschte Johanna. Sie hatte eben erst eine neue Arbeitsstelle in einem anderen Krankenhaus angetreten, und es dauerte mehrere Wochen, bis sie den Mut fand, ihrer Vorgesetzten vom bevorstehenden Nachwuchs zu berichten. Was würde die Stationsschwester von ihr halten? Bestimmt würde sie denken: Ein berechnendes Frauenzimmer, diese Johanna; kaum hat sie die Anstellung, will sie sich auch schon in Karenz gehen.

Doch Johanna täuschte sich. Die Stationsschwester reagierte verständnisvoll. Nun konnte sie sich auf ihre künftige Rolle als Mutter freuen. Leopolds Freude auf sein Kind war ohnehin von Anfang an groß gewesen.

Wenige Wochen später aber gab es wieder Schwierigkeiten. Viel zu früh setzten bei Johanna Wehen ein, sie musste die restlichen vier Monate bis zum Geburtstermin im Bett liegend verbringen. Eine nervliche Zerreißprobe. Liegen bei Nacht, nervöse Unruhe verscheuchen, kaum Schlaf finden. Liegen bei Tag, lesen, dösen, untätig die Decke betrachten. Wer erledigt die Hausarbeit? Die Schwiegermutter, die sich allzu gerne einmischt? Die eigenen Eltern kamen nicht in Frage, sie waren weit weg auf ihrem Bauernhof und nicht mobil. In dieser Situation war Johannas Rückfall in die Depression vorprogrammiert.

Sie wünschte sich mehr Zuwendung von ihrem Mann. »Komm, setz dich zu mir«, bat sie ihn am Morgen, nachdem er vom Nachtdienst aus dem Krankenhaus gekommen war.

Er ließ sich auf die Bettkante nieder, strich über ihre Wange, nahm ihre Hand.

Sie holte seinen Kopf zu sich, küsste Leopold.

Er entwand sich. »Ich muss einkaufen«, sagte er und stand auf.

Sie wartete, und als er endlich kam und sich neben sie legte, schlief er binnen weniger Augenblicke ein.

»Warum kümmerst du dich nicht um mich?«, hielt sie ihm am Nachmittag vor.

»Aber das tu ich doch«, sagte er, brachte ihr Saft und Wurstbrot ans Bett und ging in den Dienst.

2

Wieder ein »endlich«. Johanna hielt nach monatelangem Liegen ihren Sohn Henrik in den Armen. Für sie und Leopold war er das höchste Glück, was sich auch harmonisierend auf ihre Beziehung auswirkte. Keine Vorhaltungen mehr, keine Zurückweisungen, die ganze Aufmerksamkeit richtete sich auf das Baby. Eine trügerische Harmonie?

Die Brambergers führten eine traditionelle Ehe. Leopold sorgte als engagierter Spitalsarzt für den finanziellen Unterhalt seiner Familie. Johanna gab ihren Krankenschwester-Job auf und kümmerte sich um das häusliche Wohl. Dabei hatte abermals sie, im wahrsten Sinn des Wortes, die Hauptlast zu tragen. Denn Henrik war kein einfaches Baby. Kaum legte sie den Kleinen in sein Bettchen, um Staub zu wischen, zu kochen oder selbst einmal die Beine auszustrecken, fing er laut zu schreien an, und sie musste ihn wieder hochnehmen. War sie zu nachgiebig? Hätte sie Henrik getrost öfter schreien lassen sollen? Sie brachte es nicht übers Herz.

Dann kam der Bub ins Krabbelalter, und Johanna wurde ein zweites Mal schwanger. Sie erlitt jedoch eine Fehlgeburt. Von dem Ereignis sehr bedrückt, bemerkte sie plötzlich, was ihr schon vor Wochen hätte auffallen müssen: Leopold hatte sich wieder von ihr zurückgezogen. Mehr noch: Er begegnete ihr mit emotionaler Kälte.

Fand er ihre melancholische Aura nicht mehr interessant? Fühlte er sich unwohl mit seiner zur Depression neigenden Frau? Es war lange nicht so aufregend, den Ernährer und Beschützer zu geben, wie der selbstbewussten Turnusärztin* den Hof zu machen. Blonde Streichholzfrisur, sportliches Auftreten und Leopolds Hand an ihrem verlängerten Rücken. Johanna Bramberger sah die beiden, als sie ihre ehemalige Kollegin Maria im Krankenhaus besuchte. Sie machte kein Aufsehen, wegen der Leute und weil Henrik dabei war. Zuhause aber stellte sie Leopold zur Rede.

»Es tut mir Leid«, sagte er, »ich werde –«

»Was?«, fauchte Johanna.

Er senkte den Blick. »Du und Henrik – ihr seid mir so wichtig. Ich werde euch nie verlassen.«

»Und sie? Wirst du sie verlassen?«

Leopolds Antwort war ein Ausweichen. »Ihr Turnus ist sowieso aus, nächsten Monat.«

Da schlug Johannas Wut in Trauer um.

Der nächste Monat brachte in der Tat das Ende der Affäre, ein Wandel in der ehelichen Beziehung stellte sich allerdings nicht ein. Unbewusst hatten sie sich bereits seit längerem arrangiert. Sie lebten zusammen wie Bruder und Schwester – ein Verhältnis arm an Streit und Gefühl. Johanna und Leopold wahrten Distanz, während sich das Ende ihrer Ehe bereits ankündigte.

Das endgültige Aus besiegelte Maria. »Doktor Kargl ist aus Amerika zurück«, sagte sie eines Tages zu Johanna. »Er hat eine Menge neuer Behandlungsmethoden mitgebracht, ich bin ganz begeistert. Willst du nicht auch wieder zu ihm gehen?«

Johanna wollte.

3

Mitte 30, groß, schlank. Das dunkle Haar trug er noch immer offen bis auf die Schultern fallend, der Bart an Oberlippe und Kinn war in den Jahren seiner Abwesenheit dichter geworden. Seine hohen Jochbeine und die eingefallenen Wangen verliehen ihm ein asketisches Aussehen. Ein Christus-Typ. Erwin Kargl wäre die perfekte Verkörperung des Messias am Kreuz gewesen. Dazu die großen, hellblauen Augen mit ihrem durchdringenden Blick, der selbst die verborgensten Winkel einer empfindsamen Frauenseele auszuleuchten vermochte. Ja, Frauenseele, denn – das nahm Johanna damals noch nicht wahr – zu Kargls Klienten zählten ausnahmslos Frauen. Labile Frauen.

»Er hatte leichtes Spiel mit ihnen«, berichtet Chefermittler Benda. »Besonders nachdem er dazu übergegangen war, aktiven Klientinnen-Fang zu betreiben. Er hat sich in Kaffeehäuser gesetzt und gezielt jene Frauen angesprochen, die allein gekommen sind und einen bekümmerten Eindruck machten. Schon nach wenigen Sätzen fand er heraus, ob sie leicht genug zu manipulieren waren. Wenn er sie erst einmal in seinen Bann gezogen hatte, konnte er damit beginnen, sie systematisch auszubeuten.«

Johanna brauchte er nicht zu überreden. Sie kam aus eigenem Antrieb. Wann genau sie das Verhältnis mit Kargl begann, wissen die Kriminalisten nicht. Vielleicht schon in ihrer zweiten Therapiesitzung?

»Du hast so viel durchgemacht«, sagte Kargl möglicherweise. »Jetzt ist es an der Zeit, dass auch du dir etwas gönnst.« Er klopfte leicht auf seinen Schenkel.

Johanna verstand sofort. Sie setzte sich auf seinen Schoß.

Schon in der Vorwoche, in ihrer ersten Sitzung, hatte sie sich an Kargls Schulter ausgeweint. Wie gut ihr das getan hatte! All die Jahre über hatte sie gar nicht gemerkt, dass ihr dieser Mann so sehr gefehlt hatte.

Nun waren seine Umarmungen heftiger, und seine Küsse wurden fordernder. Johanna gab nach. Weshalb sollte sie nicht? Schließlich hatte Leopold sie als Erstes betrogen.

Ach, Erwin. Er war so gebieterisch und dabei so zärtlich – er wusste einfach, was richtig für sie war. Was er über die Beziehung von Mann und Frau gesagt hatte, nämlich dass er sie auf die ursprüngliche Form zurückführen wolle. Die Frau solle sich nach dem Mann richten und dessen Leben mittragen.

Das hatte er sich von den Schamanen abgeschaut. Und wenn schon. Würde es ihr nicht die Erfüllung bringen, Erwins Leben mitzutragen? Absolut.

»Du bist so ausgeglichen heute«, sagte Leopold, als sie ihm die Schinkenfleckerl zum Abendessen servierte. Der zweijährige Henrik klimperte mit dem Löffel gegen den Teller.

»Ich war heute bei Doktor Kargl«, erinnerte Johanna.

»Ach ja.«

Lag Skepsis in Leopolds Stimme?

»Hauptsache, es geht dir wieder besser.« Damit widmete er sich seinen Schinkenfleckerln.

4

In der nächsten Woche verhielt Kargl sich seltsam abweisend. Dabei hatte Johanna sich so auf ihre dritte Therapiestunde gefreut.

»Die Einzelsitzungen bringen nichts«, sagte er. »Wir hören damit auf.«

»Aber –«

Doch Kargl unterbrach ihren enttäuschten Einwand und wartete gleich mit einer Lösung auf. »Du kommst am besten zu den Gruppenseminaren. Die sind intensiver, weil sie zwei Stunden dauern.«

»Aber was soll ich mit Henrik machen? Ich brauche jedes Mal meine Schwiegermutter, die auf ihn aufpasst. Ich will nicht zu sehr von ihr abhängig sein.«

»Blödsinn. Lass dir doch helfen.« Er fuhr mit dem Daumen über ihre Augenbraue, wie um damit ihre Bedenken wegzuwischen. Dann hob er seine Brauen und zwinkerte. »Wir gehen hinterher noch was trinken, und manchmal« – wieder das aufmunternde Zwinkern – »treffen wir uns ein ganzes Wochenende lang.«

Johannas Zweifel waren zerstreut.

5

Beim ersten Gruppenseminar folgte die kalte Dusche. Kargl scharte zwei Dutzend glühender Bewunderinnen um sich. Augenblicklich spürte Johanna den Stachel der Eifersucht. Mit Sicherheit war sie nicht die Einzige, mit der Erwin intimen Kontakt hatte. Doch behandelte er nicht sie, Johanna, zuvorkommender als die anderen?

»Seht einmal, unsere zarte Johanna.« – »Willst du uns nicht diese Übung vorzeigen?« – »Sehr schön, sehr gut gemacht!« Er konnte so charmant sein.

Das war das Zuckerbrot. Johanna aß es ihm aus der bloßen Hand. Schon bald erledigte sie unentgeltlich Schreibarbeiten für Kargl. Die anderen Frauen betätigten sich ja auch. Telefondienst, Buchhaltung, Briefverkehr, Werbetexte – alles erhielt er kostenlos, entsprechend einem seiner Leitsätze: »Nur der Mensch ist etwas wert, der seinen Mitmenschen Gutes tut.«

Und dann knallte Kargl die Peitsche: »Wie siehst du denn aus! Hast du nichts anderes anzuziehen als diesen billigen Fetzen?« – Zwei Grammatikfehler in einem Schriftstück: »Du bist so ein Trampel, Johanna, du kannst überhaupt nichts!« – Eine besonders schwierige Übung, die sie nicht zustande brachte: »Du bist für alles zu dumm!«

Die junge Sandra, eine Psychologie-Studentin, sprang in die Bresche. »Mach du uns doch die Übung vor, Erwin!«

Ein geringschätziger Laut, ein abfälliger Blick und die schlichte Auskunft: »Ich habe von Gott den Auftrag erhalten, euch das Tanzen beizubringen.«

Das Tanzen.

»Zwei Dutzend mitteleuropäischer, weißer Frauen, die meisten von ihnen zwischen 25 und 40, mit Mann und Kind, Heim und Herd und bürgerlichem Beruf, entblößten ihren Oberkörper, schlüpften in Hula-Röckchen und verrenkten sich zu den Trommel-Rhythmen der hawaiischen Eingeborenen«, vermittelt Rudolf Benda seinen Eindruck von einem Video-Mitschnitt eines solchen Seminars. Leopold Bramberger hat das Band den Fahndern gegeben.

Was freilich nicht auf dem Band zu sehen und Johanna erst nach mehreren Stunden Vernehmung zuzugeben bereit war: Der Doktor drehte den Frauen Joints, damit sie ihre Hemmungen abschüttelten und richtig in Schwung kamen. Rudolf Benda: »Das Haschisch dafür besorgten seine ›Assistentinnen‹, die in Wahrheit nichts anderes waren als besonders ergebene Klientinnen.«

Nach wenigen Monaten gehörte auch Johanna zum Kreis dieser Auserwählten. Auf Kargls Anweisung hin suchte sie einschlägige Plätze auf und beschaffte die Droge von Dealern.

»Ihr braucht den Stoff für eure Therapie. Spürt ihr, wie er euer Bewusstsein erweitert? Ihr werdet ganz frei.« – Ein weiterer von Kargls Lieblingssprüchen.

Leopold Bramberger wusste von alldem nichts. Zwar waren ihm die Veränderung von Johannas Persönlichkeit und ihre geistige Abwesenheit nicht entgangen, aber er war völlig perplex, als sie ihm eines Tages mitteilte: »Unsere Beziehung ist zu Ende. Ich werde mit Henrik ausziehen, eine Wohnung hab' ich schon.«

»Um Himmels willen, warum? Weshalb denn das?«

Johanna zuckte die Schultern. »Es ist aus.«

»Hat dieser Kargl damit zu tun?«

Natürlich hatte Leopold bemerkt, dass die Therapien in immer kürzeren Intervallen stattfanden und die Seminare bis in die frühen Morgenstunden dauerten. Er hatte Johanna deswegen mehrfach zur Rede gestellt. Doch sie hatte sich jede Einmischung verbeten. Auch war da noch sein schlechtes Gewissen wegen seiner Affäre.

»Hast du was mit Kargl?«, fragte Leopold.

Johanna sah ihm offen ins Gesicht. »Er ist mein Lebenslehrer. Er ist alles für mich – Vater, Bruder, Geliebter.«

6

»Erwin Kargl betrieb die Psychotherapie nicht, um uns zu helfen, sondern um seine eigenen Bedürfnisse zu befriedigen«, sagt die Psychologie-Studentin Sandra, eine seiner einstigen Anhängerinnen, heute. Sie hat es geschafft, von Kargl loszukommen, ohne ernsthaften Schaden zu nehmen – vor allem deshalb, ist sie überzeugt, weil sie nie eine sexuelle Beziehung mit ihm hatte. »Er gab sich wie ein Guru und zeigte Tendenzen, eine sektenhafte Struktur aufzubauen.«

Diese Meinung teilt auch Polizeipsychologe Wolfgang Seider. »Doktor Kargl missachtete die fundamentalsten Regeln der Psychotherapie. Er unterhielt in einigen Fällen sexuelle Kontakte zu seinen Klientinnen und brach, auch ob dieses Umstandes, die Therapie nicht ab. Er forderte seine Klientinnen auf, erniedrigende Tätigkeiten zu verrichten, womit er sich teilweise selbst persönliche Vorteile verschaffte. Er manipulierte die betroffenen Frauen bewusst in eine von ihm vorgegebene Richtung, und – besonders verwerflich – er brach ihren Willen. Er nahm den ohnehin labilen Menschen den letzten Rest ihres Selbstwertgefühls.«

Ob Johanna das ganze Ausmaß von Kargls perfidem Treiben kannte? Wusste sie, was er Sandra, Petra und Herta antat? Er schickte die drei Frauen in eine Diskothek und beauftragte jede von ihnen, innerhalb einer Stunde mit einem Mann anzubändeln und mit diesem zu einem bestimmten Zeitpunkt in einem Nachtlokal aufzutauchen. Dort kontrollierte Kargl ihren »Erfolg« und befahl den Frauen, die fremden Männer in aller Öffentlichkeit »wild abzuschmusen«.

»Ich habe, nachdem ich den Kontakt zu Kargl abgebrochen hatte, Monate gebraucht, um wieder eigenständig denken und handeln zu können«, sagt Sandra. »Vorher war ich gewöhnt, jede Entscheidung so zu treffen, dass sie Kargl gefiel.«

Etwa verbot er ihr, sich mit einem anderen Mann zu treffen, der ihr einen Heiratsantrag gemacht hatte. Sie fügte sich. Außerdem stellte er absurde Regeln auf: Sandra durfte zum Beispiel den Telefonhörer erst nach siebenmal Läuten abnehmen. Als sie einmal bei einem seiner Kontrollanrufe erst nach achtmal Klingeln abhob, beschimpfte er sie wüst.

Weshalb ließ sie sich das gefallen – sie, eine gebildete junge Frau? Psychologie-Studentin obendrein. Hätte sie nicht Kargls Methoden durchschauen müssen?

»Er ist sehr intelligent. Sein Wissen ist fundiert.«

Ja – und?

»Ich kann es mir nur so erklären: Ich war ihm hörig. Wir alle waren ihm hörig.«

Johanna ebenfalls. War sie sich im Klaren darüber, dass Kargl Anita in den Selbstmord getrieben hatte? Wiederholt hatte er die Frau vor versammelter Gruppe als Untier, das nicht lebenswürdig sei, bezeichnet. Er verwickelte sogar Anitas halbwüchsige Tochter in die »Therapie« und redete ihr ein, sie hätte eine Rabenmutter. Daraufhin erlitt Anita einen Nervenzusammenbruch, schloss ihren Abschiedsbrief mit den Worten »Ich bin eine bessere Mutter, wenn ich tot bin« und schluckte eine tödliche Dosis Schlaftabletten. Die Tochter gab Kargl die Schuld an Anitas Selbstmord, zeigte ihn aber aus Furcht, machtlos zu sein, nicht an. »Es wäre Aussage gegen Aussage gestanden«, sagt sie im Nachhinein. »Letztlich wäre meine Mutter durch den Schmutz gezogen worden.«

Der Ruf einer Frau blieb gewahrt, der Tod eines Kindes hätte möglicherweise noch verhindert werden können. Auch trotz der Intervention eines Psychotherapeuten-Kollegen blieb Kargl unbehelligt.

Zudem wollte Anitas Nichte Kargl »testen« und herausfinden, ob er seine Klientinnen sexuell missbrauchte. Doch auch die Nichte erlag der Verführung des skrupellosen Therapeuten, und zwar so komplett, dass sie eine stationäre Behandlung in der psychiatrischen Anstalt benötigte.

7

In der Psychiatrie endete letztlich auch Johanna. Inzwischen war sie mit Henrik aus Leopolds Haus ausgezogen und stand in den folgenden sechs Monaten gänzlich unter Kargls Einfluss. Sie hielt den Kontakt zu Leopold aufrecht, teilte sich die Betreuung Henriks mit ihm und verspürte Eifersucht: Der mittlerweile dreijährige Bub liebte seinen Vater sehr. Ihr, Johanna, gegenüber war er abwartend und abwehrend. Liebte Henrik sie nicht? Selbstverständlich. Aber er spürte ihre Entscheidungsschwäche, ihre Orientierungslosigkeit, ihre Überforderung. Sie konnte ihm keinen Halt geben.

Johanna geriet immer stärker in Kargls Sog. Das Haschisch, das sie in den Therapien zur »Bewusstseinserweiterung« konsumierte, machte sie völlig apathisch. Eines Abends rauchte sie so viel davon, dass sie bewusstlos zusammenbrach.

Mit der Morgendämmerung erwachte Johanna. Wo war sie?

Noch immer in Kargls Wohnung. Im Seminarraum. Johanna kroch mühsam vom Boden auf. Du liebe Güte, das Dröhnen in ihrem Kopf! Sie griff sich an die Stirn. – Verkrustetes Blut!

Ihr wurde schwindlig, und sie musste sich aufs Sofa setzen.

Was war geschehen? Ach ja, das Tanzen, das Rauchen. Offenbar war sie gestürzt und hatte sich am Kopf verletzt. Aber wo waren alle? Wo war Erwin?

Als sie sich einigermaßen sicher auf den Beinen fühlte, öffnete Johanna die verschlossene Tür, wankte durchs Vorzimmer, kam ins Schlafzimmer und traute ihren Augen nicht: Kargl lag seelenruhig rauchend im Bett, neben ihm schlief Christa.

»Ich fass' es nicht!«, schrie Johanna.

»Was?«, meinte Kargl beinahe belustigt.

»Dass du hier –«

Wie so oft unterbrach er sie: »Ach komm, du hast doch gewusst, dass auch andere meine Zuwendung brauchen.«

Zorn packte Johanna. »Du hast mich einfach liegen lassen! Stundenlang. Ich könnte tot sein!«

Er klopfte auf die Bettdecke – sein Zeichen, dass sie sich beruhigen möge. »Von einem bisschen Gras und einem kleinen Kratzer stirbt man nicht gleich.«

Da lief Johanna ins Vorzimmer, riss Handtasche und Jacke vom Haken, spürte, wie die Tränen in ihr hoch stiegen, rannte die Treppe hinunter, rannte, rannte, rannte – und kam schließlich mit getrockneten Tränen bei Leopold an.

Sie schwor, dass es nun aus sei mit Kargl, verschwieg den Grund für das Zerwürfnis (»Die Schramme am Kopf? – Ich bin beim Tanzen unglücklich hingefallen.«) und zog wieder bei Leopold ein.

Drei Tage später rief Kargl Johanna an. Er wolle sich mit ihr treffen, um in Ruhe alles zu besprechen.

»Es gibt nichts mehr zu besprechen.«

»Aber schau, du kannst auch eine größere Aufgabe übernehmen. Du kannst – eine Tanzgruppe leiten.«

Johanna zögerte. Schluckte sie den Köder? »Ich muss erst mit Leopold darüber reden.«

Leopold war alles andere als begeistert. »Das ist so zeitaufwändig«, argumentierte er. »Und mit unserer Ehe würde es wieder bergab gehen.«

Johanna sah das ein. Sie wollte wirklich von Kargl loskommen, und vorerst gelang ihr das auch. Doch nach wenigen Monaten Familienleben kam ihre Depression zurück. Erste Suizidgedanken tauchten in Johanna auf. Auf Leopolds Anraten suchte sie diesmal Hilfe beim psychosozialen Dienst. Doktor Lackner, ihr neuer Therapeut, wies sie in die Nervenklinik ein und begann eine Therapie mit Antidepressiva. Daraufhin verbesserte sich Johannas Zustand merklich, und sie durfte nach Hause. »Sie bleiben in ambulanter Behandlung und nehmen weiterhin Ihre Medikamente«, verordnete Doktor Lackner.

Johanna fasste neuen Mut. Henrik war jetzt vier, sie wollte sich wieder nach einer Arbeitsstelle umsehen. Leopold war einverstanden. Die Beziehung erhielt frischen Schwung, Johannas Eifersucht wegen Henrik war verflogen. Während ihres Klinikaufenthalts hatte sie erkannt, wie wichtig Leopold für das Kind war, welch guter Vater er war, und wie sehr sie sich auf ihn verlassen konnte. Im Familienurlaub, den sie zu dritt in Griechenland verbrachten, war sie ausgeglichen und glücklich – bis, wieder daheim, Kargls »Assistentin« Christa anrief.

Christa redete so lange auf Johanna ein, bis diese einwilligte, Kargl zu treffen.

Leopold ahnte nichts, denn Johanna gab vor, ihre Schwester Hilde besuchen zu wollen. Sie blieb die ganze Nacht weg. Bei Kargl.

»Bramberger hat seine Frau zur Rede gestellt, als sie in den frühen Morgenstunden heimgekommen ist«, erinnert sich Ermittler Benda an die Vernehmung des Ehemannes. »Aber Johanna sagte in etwa: ›Du weißt doch, wo ich war. Ich bin mit Hilde noch ein Bier trinken gegangen, da haben wir übers Plaudern ganz die Zeit vergessen.‹«

Dass Johanna gelogen hatte, erfuhr Leopold wenige Tage später. Zufällig hörte er ein Gespräch zwischen Besuchern im Krankenhaus mit: Das Lokal, in dem Johanna und Hilde angeblich ein Bier getrunken hatten, war wegen Urlaubs geschlossen. Daraufhin rief Leopold Hilde an. Ihre Ausflüchte waren mehr als durchschaubar.

Kaum hatte Leopold zuhause die Tür ins Schloss fallen lassen, kam Johanna ins Vorzimmer und beichtete. Nein, sie wäre überhaupt nicht bei Hilde gewesen, sondern hätte die Nacht bei Kargl verbracht.

Leopold war wütend und traurig. Er streifte seinen Trainingsanzug über und joggte durch den Wald. Nach dem Regen der vergangenen Tage war der Boden tief und matschig. Ein kräftiger Schritt, ein Knacks, ein stechender Schmerz in der Ferse – Achillessehnenriss. Seine Arztkollegen empfahlen Leopold eine Operation und die anschließende Ruhigstellung des Beins durch einen Gipsverband. Und während dieser Zeit seiner Genesung, verbunden mit einem einwöchigen Krankenhausaufenthalt, entglitt ihm Johanna.

Kargl hatte gewonnen. Er drängte Johanna dazu, die Antidepressiva abzusetzen und Leopold erneut zu verlassen.

Zwar sagte Johanna später: »Doktor Kargl hat mich nicht beeinflusst, die häusliche Gemeinschaft mit meinem Ehemann aufzugeben.« Sie räumte aber ein, dass ihr Kargls Lebensphilosophie sehr wichtig war und man dieser »ursprünglichen und erdigen« Weltanschauung viel leichter folgen könne, wenn keine familiären Bindungen bestünden.

Diesmal blieb Henrik bei seinem Vater. Dennoch ließ Johanna den Kontakt zu Sohn und Ehemann nicht abreißen. Sie holte den Buben vom Kindergarten ab und passte nachmittags auf ihn auf. Wenn Leopold im Nachtdienst war, schlief sie gemeinsam mit Henrik im Ehebett. Aber immer wenn Christa anrief – und das konnte zu jeder Tages- und Nachtzeit geschehen –, holte Johanna die Schwiegermutter zu Hilfe und verließ umgehend das Haus.

Kargl hatte Vorrang. »Seine Einstellung Kindern gegenüber war äußerst positiv«, gab Johanna später zu Protokoll.

Zu dieser Kinderliebe gehörte auch ein Ausflug in einen Vergnügungspark, bei dem Kargl und Johanna Henrik mitnahmen. Als der Bub daheim von »Onkel Erwin« erzählte, war Leopold entrüstet. Das mitgebrachte Souvenir, ein Lebkuchenherz mit der Aufschrift »Papa ist der Beste«, zerstampfte er auf dem Küchenboden, nachdem er mitbekommen hatte, wie Johanna Henrik zuflüsterte: »Du weißt, was Onkel Erwin gesagt hat: Gib es dem Papa und sag ihm, dass du ihn lieb hast.«

»Wie kann dieser Kargl sich auf eine so hinterhältige Art in unsere Familie drängen!«, zürnte Leopold.

Johanna wiederum zürnte dem trotzigen Fünfjährigen. »Ich will nicht, dass du dir die brutalen Zeichentrickfilme anschaust!«

Sie schaltete den Fernseher aus, woraufhin Henrik seinerseits zu schreien anfing. »Du bist blöd, Mama!«, brüllte er. »Blöd! Blöd! Blöd!«

Johanna stimmte erneut in das Geschrei ein, schluchzte auf und schaltete den Fernseher wieder ein.

8

Wenige Wochen später planten Kargl und seine Jüngerinnen eine Hawaii-Reise. Johanna packte den großen Koffer und fuhr am Abend vor dem Abflug zu Kargl Wohnung. Er wollte Johanna instruieren, Details mit ihr besprechen, denn sie sollte nun tatsächlich auf Hawaii eine Tanzgruppe leiten.

Doch als Kargl von der großen Verantwortung sprach und von all den Dingen, auf die sie unbedingt achten müsse, stiegen Zweifel in Johanna auf. Würde sie die schwierige Aufgabe meistern können?

Unsicher suchte sie nach einer Ausrede. »Ich muss erst noch mein Gepäck von zuhause holen. Und von Leopold und Henrik hab' ich mich auch noch nicht verabschiedet.«

Kargl durchschaute sie. »Du bist feig. Du willst dich aus dem Staub machen. Das lasse ich nicht zu!«, warf er Johanna an den Kopf, nahm ihr Autoschlüssel und Pass ab und sperrte sie im Therapiezimmer ein.

Nach einer Weile kam er wieder und befahl ihr, ein Schriftstück ins Amerikanische zu übersetzen.

»Was ist denn das für ein dummer Ausdruck? Und hier: ein Zeitfehler. Du bist so was von einer nichtsnutzigen Kuh!«

Nicht genug der ausfallenden Worte, versetzte Kargl Johanna eine schallende Ohrfeige und knallte die Tür hinter sich zu.

Sie blieb weiterhin eingesperrt. Die ganze Nacht und den ganzen Tag lang. Johanna spürte, wie ihre Wange anschwoll und schmerzte. Sie weinte, wimmerte, und ihre Gedanken kreisten um ein einziges Thema. Es hieß: Flucht. Wie, um Gottes willen, konnte sie nur von hier fortkommen?

Die Wohnung lag im vierten Stock. Es war unmöglich, außer –

Johanna ging zum Fenster und schaute nach unten. Der Autoverkehr auf der Straße hatte nachgelassen. Auch zu Fuß waren nur noch wenige Leute unterwegs. Warum sollte sie nicht springen? Von ihrem schnellen Ende würden alle profitieren. Sie selbst müsste keine seelischen Qualen mehr leiden, und für die anderen wäre sie keine Last mehr. Oder doch? Was wäre, wenn sie überlebte – zeitlebens ein Krüppel?

Das Quietschen einer Straßenbahn durchschnitt den tristen Gedanken. Johanna sah, wie der Wagen sich in der Haltestelle einschliff. Drei Fahrgäste stiegen aus, zwei stiegen zu. Da kam ihr die Idee.

Gegen Mittag kehrte Kargl zurück, diesmal mit Christa. Es wäre nun Zeit, zum Flughafen zu fahren, sagte er. Auf dem Weg dorthin wollten sie noch in einem Lokal etwas essen. Fügsam ließ Johanna sich zu Kargls Auto geleiten. Sie hatte Glück. Eine Straßenbahn stand in der Station. Dann ging alles sehr schnell.

Johanna riss sich los, sprintete in Richtung Haltestelle und sprang in letzter Sekunde aufs Trittbrett.

Erwin und Christa starrten der abfahrenden Straßenbahn nach.

9

Man sollte meinen, dieses Erlebnis hätte Johanna ein für allemal kurieren müssen.

Immerhin kehrte sie ein weiteres Mal zu Mann und Kind zurück. Eines Tages lag ein Brief in der Post, adressiert an Doktor Leopold Bramberger. Im Kuvert steckte eine Rechnung über 4500 Euro, zusammen mit der Bitte, diese an Johanna weiterzuleiten. Unterzeichnet: Erwin Kargl – er kenne ja die Adresse von Johannas Wohnung nicht.

»Das war der Gipfel«, sagt Chefermittler Benda. »So haben es zumindest meine Leute von der Mordgruppe gesehen: Dieser Kargl hat die ganze Zeit über mit der Frau geschlafen und dann dem Ehemann die Rechnung geschickt! Sie hatten großes Mitleid mit Bramberger, der so vieles verloren hatte: die Frau, das Kind, die Würde.«

Als Leopold Johanna die Honorarforderung zeigte, lachte sie laut auf. Leopold sah ihr an, dass ihr in Wirklichkeit zum Heulen zu Mute war. Er überwies den Betrag an Kargl und schrieb ihm einen bitteren Brief, in dem er seinem Ärger Luft machte. »Ich verwehre mich gegen jedwede Einmischung in meine Familie! Und ich untersage ihnen, je wieder Kontakt mit mir oder mit meinem Sohn aufzunehmen. Was meine Frau anbelangt, so muss sie selbst entscheiden.«

Johanna entschied sich für ihren Mann – und geriet tiefer in die Depression. Einmal fand ihre Schwester Hilde, als sie auf Henrik aufpasste, einen zerrissenen Abschiedsbrief im Papierkorb. Sie und Leopold setzten die Stückchen zusammen. »Wenn du diese Zeilen liest, bin ich schon tot«, stand da in Johannas Handschrift zu lesen. Es folgten eine Entschuldigung und die Bitte an Leopold, er möge Henrik alles erklären.

Freiwillig, ohne zu erfahren, dass ihr Mann und ihre Schwester den Brief kannten, begab Johanna sich in Therapie zu Doktor Lackner, der sie neuerlich in der Klinik behielt.

Nach ihrer Entlassung rief sie Kargl an, um ihm mitzuteilen, dass es ihr schlecht gehe.

»Du bist uninteressant für mich«, bekam sie zu hören. »Ich bin nur an solchen Leuten interessiert, die etwas für die Menschheit tun.«

Durchschaute Johanna denn noch immer nicht, was Kargl unter »die Menschheit« verstand? Lediglich einen einzigen Menschen – sich selbst.

Sie hörte sich an, was er sonst noch zu sagen hatte. »Du willst ja nur zu mir, damit es dir besser geht. Und wenn es dir dann besser geht, wirst du mich wieder verlassen. Dieses Theater hab' ich satt. Ruf mich nicht mehr an. Du kannst mich ab jetzt nur mehr über Christa erreichen.«

Johanna hielt sich daran. Sie rief Kargl nicht mehr an. Und er ließ sie in Ruhe – vorerst.

Drei Monate später, es war im April, kam Leopold vom Nachtdienst nach Hause. Es war keiner daheim. Henrik war bestimmt im Kindergarten, Johanna vermutlich einkaufen. Da fiel Leopold das Blinken des Anrufbeantworters auf. Er spielte die Nachricht ab. Fassungslos lauschte er Christas Stimme: »Hallo Johanna. Bitte ruf unbedingt an, bevor du kommst. Erwin lässt dir übrigens ausrichten, dass er sich sehr freut, dass du wieder bei uns bist.«

»Das ist dein Untergang«, warnte Leopold Johanna, als sie nach Hause kam.

Sie schloss gequält die Augen. »Was soll ich denn machen?«

»Nicht hinfahren. Unter keinen Umständen.«

Johanna schluckte schwer. Sie zitterte. »Aber ich brauche Hilfe.«

»Dann geh zu einem anderen Therapeuten.«

»Ich hab 's doch versucht. Das bringt ja nichts.«

Das Telefon läutete. Johanna wollte abheben, aber Leopold hielt sie zurück. Er ging selber ran. »Rufen Sie nie wieder an«, war das Einzige, was er sagte. Dann legte er auf.

10

Der Terror nahm kein Ende. So einfach ließ Kargl ein vormals gefügiges Opfer nicht ziehen. Immer wieder rief er Johanna an. Jedes Mal war Leopold zur Stelle und parierte die Suggestionsversuche.

»Bitte komm sofort nach Hause!«, meldete sich Johanna an einem Donnerstagvormittag aufgeregt bei Leopold im Krankenhaus.

»Das geht jetzt nicht. Ich bin mitten in der Visite.«

Leopold kam nach Dienstschluss. Er fand Johanna völlig aufgelöst vor. Sie war mit angeschlossenem Föhn in die gefüllte Badewanne gestiegen. »Es war schrecklich. Der Schlag war so schlimm, dass ich so etwas bestimmt nicht mehr machen werde.«

Leopold glaubte ihr.

Johanna entschied sich nun für eine Therapeutin. Sie berichtete ihr von ihrem Dilemma, verschwieg aber den Selbstmordversuch. Die Frau riet ihr, auch Mann und Kind in die Therapie mit einzubeziehen. »Nach dem, was Sie mir erzählt haben, ist Henriks Verhalten schon sehr auffällig. Sie müssen unbedingt etwas unternehmen, wenn Sie nicht wollen, dass er den Bach runter geht.«

Diesmal fuhr Johanna direkt ins Krankenhaus. Aufgewühlt schilderte sie Leopold, was die Therapeutin gesagt hatte. Henrik würde den Bach runter gehen. Ja, das hieß doch genau genommen: Er würde zu Grunde gehen! An ihr, Johanna, würde Henrik zu Grunde gehen! Leopold beruhigte sie. »Die Frau hat das bestimmt nicht so gemeint. Ich geh mit dir zur Therapie. Wir werden eine Lösung finden.«

Johanna fuhr nach Hause. Doch der Gedanke setzte sich in ihrem Kopf fest: Henrik würde an ihr zu Grunde gehen. Was sollte sie bloß machen? Sie fröstelte, legte die Arme um sich. Dann griff sie zum Telefon und wählte Kargls Nummer.

»Johanna?« Seine Stimme klang kalt und abweisend.

»Ja. Ich brauche –«, begann sie. Doch bevor sie ausreden konnte, schnitt er ihr das Wort ab.

»Du bist für mich gestorben«, sagte er, und die Verbindung war unterbrochen.

11

Du bist für mich gestorben. – Henrik geht an mir zu Grunde. – Was bleibt noch als Ausweg? Johannas Gedanken kreisten wie hungrige Geier. Sie erledigte alle Aufgaben nur noch mechanisch. Holte Henrik vom Kindergarten ab, richtete sein Mittagessen, brachte ihn zu einem Freund. Kochte sich Kaffee, setzte sich ins Wohnzimmer.

Henrik geht zu Grunde. Sie konnte nicht fortgehen, irgendwo ein neues Leben beginnen, ihn im Stich lassen. Er ginge ja zu Grunde, und sie hätte nicht die Kraft, es allein zu schaffen. Sollte sie sich umbringen? Mit dem neuen, stärkeren Föhn und deutlich mehr Wasser in der Badewanne?

Nein. Henrik bekäme Schuldgefühle, würde sein Leben lang darunter leiden. Er geht zu Grunde. Zu Grunde. Du bist gestorben. Beide tot. Das war der Ausweg.

12

Johanna holte Henrik von der Familie seines Freundes ab. Die Höflichkeit, die Normalität, die sie vorspielte, zog sie noch einmal aus der Depression. Als sie sich verabschiedete, waren die quälenden Gedanken wie weggeblasen. Wahnsinn! Wahnsinn, wie tief sie sich ins Unheil verstrickt hatte!

Zuhause traf sie Leopold, kochte Abendessen, duschte Henrik. Leopold ging in den Nachtdienst. Sie brachte Henrik ins Bett. Und wie sie selbst so dalag, den schlafenden Buben in der Doppelbetthälfte neben sich, kamen die Gedanken wieder. Henrik geht zu Grunde. Du bist gestorben. Der Ausweg. Sie kreisten und kreisten und hinderten sie am Einschlafen. Irgendwann musste sie dann eingeschlafen sein, denn der Radiowecker zeigte 5.30 Uhr, als sie aufwachte.

Sofort begann sich alles wieder zu drehen. Du bist für mich gestorben. Henrik geht zu Grunde. Je länger sie beide in dieser Situation weiterleben mussten, desto schlimmer würde es werden.

Henrik schlief auf dem Bauch, den Kopf zur Seite gewandt. Seine Augäpfel wanderten unstet unter den geschlossenen Lidern umher. Er träumte. Sein Mund war leicht geöffnet, Schneidezähne und Zungenspitze blitzen hervor – so, als wolle er noch ein letztes Wort sprechen.

Johanna erstickte das Kind mit einem Polster. Ihr Selbstmordversuch mit eingeschaltetem Haarföhn in der Badewanne schlug erneut fehl. Sie wollte sich vor einen Zug werfen, aber dann fehlte ihr doch der Mut.

13

Es war gegen sieben Uhr morgens. Nur noch zehn Minuten trennten den jungen Revierinspektor vom Ende seines Nachtdienstes, da betrat eine schmächtige Frau den Gendarmerieposten. Der Revierinspektor schätzte ihr Alter auf etwa Mitte 30.

Die Frau wirkte völlig apathisch.

»Ja, bitte?«, fragte sie der Gendarm.

Keine Antwort.

»Möchten Sie eine Anzeige erstatten?«

Nichts.

»Was ist denn passiert?«

Schweigen.

Er rückte ihr einen Stuhl zurecht, auf den sie sich wortlos setzte. Sie sah aus, als hätte jemand sie aller Kräfte beraubt. Schlaffes, glanzloses Haar hing über den eingefallenen Wangen, dunkle Ringe umrandeten die stumpfen, braunen Augen. Der Inspektor hatte das Gefühl, dass die Frau ihn gar nicht wahrnahm.

»Wollen Sie ein Glas Wasser?«, fragte er.

Da sagte sie unvermittelt, auf einen imaginären Punkt neben seiner rechten Schulter starrend: »Ich hab' mein Kind umgebracht.« Und wieder: »Ich hab' mein Kind umgebracht.« – »Ich hab' mein Kind umgebracht.«

Bei ihrer Einvernahme am übernächsten Tag machte Johanna

einen offenen Eindruck. Sie war sehr um Wahrheit bemüht. Lediglich als man sie zur Person des Doktor Erwin Kargl befragte, reagierte sie zugeknöpft. Ihre veränderte Mimik und Gestik verrieten, welch starke emotionale Bindung sie zu diesem Mann hatte.

»Er hat mich sicherlich nicht dazu verleitet, was ich mit Henrik gemacht habe«, meinte sie.

In letzter Konsequenz war Johanna nicht bereit, gegen Kargl auszusagen. Sehr wohl aber belasteten Leopold Bramberger und einige Klientinnen Kargl so schwer, dass dieser sich vor Gericht wegen Betrugs, im Stich lassen eines Verletzten und Freiheitsentziehung verantworten musste.

Johanna fristet ihr Dasein in der psychiatrischen Anstalt. Die Ärzte konstatieren eine schwere Depression und eine narzisstische Persönlichkeitsstörung.

DIE LEICHE IM KOFFERRAUM
oder
Der Fliegen-Experte

Wien Alsergrund, Sensengasse zwei. Ein nüchterner Bau aus den 1960er Jahren beherbergt das Institut für Gerichtliche Medizin, das kürzlich in »Department für Gerichtliche Medizin« umbenannt wurde. Im Seziersaal, der diesen jüngeren Trakt mit dem alten AKH, dem Allgemeinen Krankenhaus, aus dem 18. Jahrhundert verbindet, schwebt noch der Geist der Monarchie – einer glorreichen Ära für die Wiener Gerichtsmedizin.

Eduard Ritter von Hofmann, der das Institut von 1875 bis zu seinem frühen Tod im Jahre 1897 leitete, ließ einen großen Lehrsaal errichten, zu dem zahlreiche Studenten aus der ganzen Welt pilgerten. Der Tod des Kronprinzen Rudolf 1889 und der Ringtheaterbrand 1881, bei dem über 400 Menschen starben, fielen in Hofmanns Amtszeit. Er hinterließ der Wiener Medizinischen Fakultät ein bedeutendes wissenschaftliches Erbe. So verdankt man ihm etwa die Erkenntnis, dass bei Bränden Rauchgasvergiftungen zum Tod führen können. Auch wies er nach, dass der Gehalt von Kohlenstoffmonoxid (CO) im Blut einer Brandleiche ein sicheres Anzeichen dafür ist, dass der Mensch lebendig verbrannte.

Mit Albin Habdera und Leopold Breitenecker hat die Wiener Schule im 20. Jahrhundert zwar noch weitere Gerichtsmediziner von Weltrang hervorgebracht, der einstige Ruhm des Instituts ist aber mit dem allmählichen Verfall des Gebäudes verblasst. Viele Büros sind zu klein, und die Depots, in denen Belegmaterial von schwierigen Kriminalfällen und Prozessen über ärztliche Kunstfehler lagern, platzen aus allen Nähten. Das Leichenhaus ist baufällig, dessen Sanierung ausständig. »Der Bau einer Umgehung des Seziersaals wäre ebenfalls dringend nötig, da die Bedingungen für Obduktionen nicht mehr den hygienischen Standards entsprechen«, klagt Professor Georg Zoller, einer der nunmehr vier Wiener Gerichtsmediziner.

Es sind Zollers leicht nasaler Ton und die altmodischen Ausdrücke, die während seiner lebendigen Schilderungen die Glorie längst vergangener Tage wieder aufleben lassen. Nüchtern quittiert der 50-Jährige die Versäumnisse am Institut: »Für Leichen hat die Gesellschaft nicht viel übrig.«

Es war an einem späten Freitagnachmittag im August, als Professor Zoller ins Wochenende aufbrach. Über der Stadt lastete eine drückende Schwüle, die sich auch im Gerichtsmedizinischen Institut breitmachte. Zoller fütterte noch rasch seine Kröte (»mein Zimmergenosse«) mit Fliegen, verließ sein schmales Büro und ging an das andere Ende des kahlen Ganges. Dort mischte sich in die Schwüle ein schwacher Geruch nach Urin, der immer stärker wurde, je näher er der letzten grauen Tür kam.

Hinter dieser Tür in der feuchtesten Ecke des Hauses befand sich nicht, wie man hätte annehmen können, das Pissoir, sondern ein Zimmer, von dessen Wänden stellenweise der Putz abbröckelte. Am Schreibtisch saß Zollers Dissertant, ein Biologe, und fütterte einen PC mit Daten. Ihn umgaben ein gutes Dutzend Wärmeschränke und Terrarien, in denen es von winzigen Fliegenmaden in faulender, pürierter Schweineleber wimmelte. Sie waren die Ursache des Uringeruchs, denn Maden scheiden Harnsäure aus.

Was für einen Laien möglicherweise wie ein Horrorkabinett anmutet, ist für den Experten Arbeitsstätte: Gerichtsmediziner Zoller züchtet in diesem Raum seit beinahe 25 Jahren seine Fliegen. »Ich hab' immer irgendwelche Tiere gehalten. Daher ist es mir nach kürzester Zeit auch gelungen, Maden zu züchten«, erzählt der Professor. Augenzwinkernd setzt er hinzu: »Zum Leidwesen meiner Eltern war ich eines dieser schrecklichen Kinder, die die Spinne im Eck und den Igel unterm Bett haben.«

So wurden die Fliegen von Anfang seiner Laufbahn an sein Markenzeichen. Mittlerweile hat Zoller mit seinem Dissertanten alle in Mitteleuropa vorkommenden Fliegenarten erfasst und eine Software erstellt, mit deren Hilfe es möglich ist, Todeszeiten zu berechnen. »Mittels Kurven und Tabellen lässt sich feststellen, wie lange die jeweilige Fliegenart bei einer bestimmten Temperatur schon auf der Leiche lebt«, erklärt der Gerichtsmediziner. »Es ist auch von Art zu Art verschieden, wie lange die Fliege braucht, um die Leiche zu finden.«

Klingt kompliziert.

Ist es auch. Man braucht viel Erfahrung, um unterschiedliche Fliegenarten zweifelsfrei zu bestimmen und beurteilen zu können, wo, wann und unter welchen Umgebungsbedingungen bestimmte Fliegenarten auftreten.

Zum Beispiel die Käsefliege. Sie besiedelt einen Leichnam erst, wenn das Fett trocken, käsig oder ranzig geworden ist. Es gibt also während der verschiedenen »Aggregatzustände« einer Leiche unterschiedliche Insektenarten. Aus dieser Art der Besiedelung kann der Spezialist Hinweise auf die Liegedauer der Leiche erhalten.

»Einmal habe ich auf einer Leiche die Maden einer seltenen Fliegenart gefunden«, erinnert sich Zoller. »Ich wusste, dass die Fliege in der Umgebung von Wien vorkommt – allerdings nur auf Pflanzenkompost. Damals habe ich mich gefragt, was diese Leiche für die Fliege so attraktiv gemacht hat, dass sie sich vom Komposthaufen auf menschliche Überreste verirrt hat. Die Antwort lag schlicht und einfach in der Darmtraktfüllung: Der Mensch hatte vor seinem Tod sehr viel Pflanzennahrung gegessen.«

Auch das jeweilige Entwicklungsstadium der Fliege zu identifizieren, ist nicht immer einfach. Hat man aber profunde Kenntnisse auf dem Gebiet der Entomologie (Insektenkunde) erworben, so verfügt man bei im Freien liegenden Leichen über eine recht genaue Methode zur Einschätzung der Todeszeit. Die ist immerhin so genau, dass sich nach etwa 14 Tagen Liegezeit der Leiche die Todeszeit auf einen Vierteltag, also zum Beispiel auf einen bestimmten Vormittag, eingrenzen lässt.

Aussagekräftig für die Todeszeitbestimmung ist weniger die Ausdehnung des Madenfraßes, sondern eher das biologische Entwicklungsstadium der Fliege. Die Eiablage kann unter Umständen noch vor dem Todeseintritt erfolgen; die Maden schlüpfen nach ein bis zwei Tagen; nach etwa zwei Wochen bilden sich Puppen;

leere Puppenhülsen bleiben zirka vier Wochen später zurück, wenn bereits neue Fliegen ausgeschlüpft sind.

An besagtem Freitagnachmittag im August wischte sich Professor Zoller den Schweiß von der Stirn. Er wusste, dass sein Dissertant auch am Wochenende an den statistischen Auswertungen arbeiten würde und etwas kühlere Luft vertragen konnte. »Bestimmt kommt bald ein Gewitter«, meinte er aufmunternd.

Gewitter oder nicht, Zoller selbst war froh, wenigstens zwei Tage lang der Hitze in der Großstadt entfliehen zu können. »Ich fahr' in mein Wochenendhaus ins Waldviertel. Wenn etwas ist – ich bin dort erreichbar.«

Und prompt. Um drei Uhr früh in der Nacht von Samstag auf Sonntag riss das Telefon Zoller aus dem Schlaf. »Wir haben einen Pkw mit einer Leiche. Auf einem Parkplatz in Gars am Kamp«, berichtete ein Tatortbeamter dem Gerichtsmediziner. Letzterer war wenig später an Ort und Stelle, denn sein Wochenendhaus stand ganz in der Nähe.

Der Pkw, um den sich bereits einige uniformierte Gendarmen und Kriminalbeamte in Zivil versammelten, war ein schwarzer VW-Golf mit bunten Streifen. Die unteren Teile seiner Karosserie waren mit angetrocknetem Schlamm bespritzt. Das Auto hätte eine tüchtige Wäsche vertragen können. Auch sonst machte es einen etwas desolaten Eindruck: Die Radkappen fehlten, orangefarbener Lack kaschierte mehr schlecht als recht die Rostflecken und Beulen an den Stoßstangen, und der Kühler, dessen Verschraubungen gelockert waren, war durch ein Kabel behelfsmäßig mit dem Frontblech verbunden. Das Auto eines Jugendlichen?

Jedenfalls das eines Menschen, der gerne herumbastelt und nicht gerade zur Ordnungsliebe neigt. Verschiedenartige Socken, Sportschuhe, Kleiderbügel, leere Getränkedosen, eine Angelrute, eine Feuerwehrhacke, ein Taschenrechner, eine Wäscheleine, zwei Autoradios, eine Gießkanne und etliche andere Gegenstände bildeten ein achtloses Durcheinander auf der Rücksitzbank und in den Fußräumen.

Der unversperrte Kofferraum bot einen ähnlichen Anblick. Eine

Flasche Fensterreiniger lag auf einer braunen Jacke, die das Chaos hier zu verdecken schien. Verwesungsgeruch schlug Zoller entgegen. Er hatte auch schon die vielen Fliegen gesehen, die im Fahrgastraum umherschwirrten. Ihm war klar, was ihn erwartete, als er die Jacke hochhob: eine Leiche in Männerkleidung, deren Kopf und Oberkörper in einem grünen Plastikmüllsack steckten.

Der Mann befand sich in rechter Seitenlage mit angewinkelten Beinen. Zwischen seinem Arm und der Kofferraumwand klemmten ein 30 Zentimeter langes Messer, ein Scherenwagenheber und ein Hammer – allesamt geeignete Mordwerkzeuge. Keines von ihnen war jedoch die Tatwaffe, wie sich bald herausstellen sollte. Ebenso zeigte sich, dass der mutmaßliche Mörder trotz seiner Unordentlichkeit offenbar einiges auf sein Auto hielt, denn er hatte eine Schutzfolie im Kofferraum ausgebreitet, bevor er die Leiche hineingelegt hatte.

Samt dieser so genannten Alu-Überlebensdecke ließ Professor Zoller den Toten in die Prosektur des Krankenhauses Horn transportieren, wo er ab sechs Uhr morgens gemeinsam mit seinem inzwischen aus Wien angekommenen Assistenten die Obduktion durchführte.

Zoller entfernte den Plastiksack vom Kopf des Opfers. Wie er vermutet hatte, war der Schädel durch Madenfraß bereits stark zerstört, während Rumpf und Gliedmaßen noch relativ frisch wirkten und nicht von Maden befallen waren.

An der Ausdehnung des Madenfraßes konnte der Experte schon erste Rückschlüsse auf die Todesart ziehen. »An sich ist es nicht ungewöhnlich, dass der Madenbefall am Kopf am stärksten ist«, erläutert Zoller. »Fliegen legen ihre Eier an feuchten Körperstellen ab. Sie bevorzugen Nasenöffnungen, Augen- und Mundwinkel. Daher wird zuerst der Kopf zerstört. Außerdem ist das menschliche Gehirn für sie eine vorzügliche, hochkonzentrierte Eiweißnahrung. Erst wenn sie aufgebraucht ist, fressen sich die Maden nach unten.«

»Wäre es anders – zum Beispiel sehr starker Madenfraß am Bauch«, fährt Zoller fort, »so kann das ein Hinweis auf eine Verletzung in dieser Körperregion sein. Oder auch das weibliche Genital. Normalerweise scheinen die Maden es nicht zu finden, weil es unter den Schamlippen verborgen ist. Tritt aber an dieser Stelle starker Madenbefall auf, dann ist das ein mögliches Anzeichen für ein Sexualdelikt.«

Im Fall der Leiche im Kofferraum fand Zoller Maden nur am Kopf. Der Schädel des Opfers war hochgradig zertrümmert und wies massive Rissquetschwunden auf. Außerdem sah Zoller Blutunterlaufungen am Rücken und typische Abwehrverletzungen an den Händen. Für den Gerichtsmediziner stand fest: Der etwa 20-jährige, 1,78 Meter große Mann war brutal erschlagen worden.

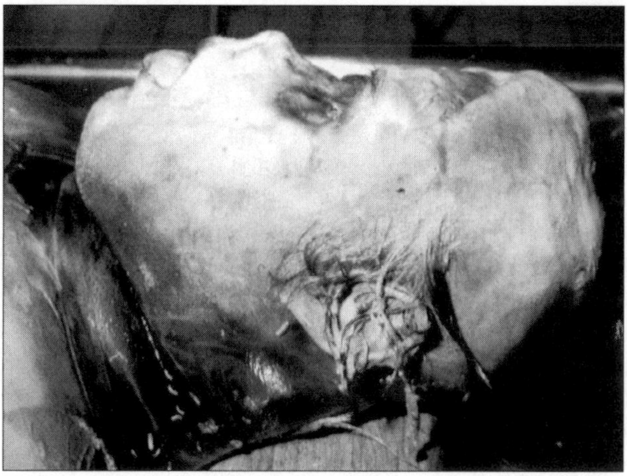

Der Schädel des Opfers ist durch Madenbefall stark zersetzt.

Normalerweise hätte der Experte nun bis zu zehn Exemplare jeder grobsichtig unterscheidbaren Madenart gesammelt und in 70-prozentigem Alkohol konserviert. Zusätzlich hätte er lebende Exemplare in belüftete Behälter mit Wurst oder Fleisch getan und ihre weitere Entwicklung beurteilt. In diesem Fall schätzte Zoller nach seinen Erfahrungen und unter Berücksichtigung der Umgebungsbedingungen (Ort, Jahreszeit, Temperatur, Größe der Maden), dass der Tod vor vier bis fünf Tagen eingetreten war. Der Aufwand einer entomologischen Todeszeitbestimmung war nicht nötig, denn schon seit etwa 23 Uhr des Vorabends stand auf dem Gendarmerieposten in Horn der Besitzer des VW-Golf den Kriminalisten Rede und Antwort.

Er war 19 Jahre alt, wirkte zierlich und schüchtern, ja beinahe verklemmt. Er hieß Wolfgang Mittermayer. Seine kleinen, braunen, stark kurzsichtigen Augen lagen hinter einer großen, dickrandigen Brille verborgen. Dichtes, schwarzes Haar wuchs auf seinem Kopf, der jedoch auch merkwürdige, kahle Stellen aufwies. Und dem jungen Mann fehlten sowohl Augenbrauen als auch Wimpern.

Wolfgang Mittermayer litt an einer seltenen Autoimmunerkrankung, der *Alopezia areata*, zu Deutsch: Kreisrunder Haarausfall. Bei den Betroffenen, etwa ein Prozent der Bevölkerung, vergrößern sich münzgroße Kahlstellen zentrifugal. Während in einzelnen Regionen die Haare nachwachsen, fallen sie in anderen schon wieder aus. Noch weiß man wenig über die Ursachen dieser Krankheit, bei der der Körper Abwehrzellen gegen die eigenen Haare bildet. Teils ist die Störung wohl genetisch bedingt, teils wird sie durch äußere Faktoren wie Stress oder traumatische Erlebnisse ausgelöst. Obwohl die Erkrankung ungefährlich ist und meist so plötzlich wieder verschwindet, wie sie aufgetreten ist, leiden die Betroffenen seelisch sehr stark darunter. Vor allem deshalb, weil es keine zufrieden stellende Therapie gibt.

Auch Wolfgang Mittermayer reagierte äußerst sensibel, wenn andere seine Krankheit bemerkten. Und es war praktisch unmöglich, sie nicht zu bemerken. Er litt seit seinem 15. Lebensjahr an einer besonders schweren Form, der *Alopezia areata totalis*, bei welcher der gesamte Körper vom Haarausfall betroffen ist.

Doch wie kam es dazu, dass der junge Mann schon seit mehreren Stunden auf dem Gendarmerieposten festgehalten wurde?

Um etwa 22 Uhr war die Schwester des seit vier Tagen abgängigen Harald Scheiber auf der Horner Dienststelle erschienen. Die Frau gab an, ihr Bruder hätte von einem Bekannten Geld gefordert. Die beiden hätten in einem Waldstück Schießübungen mit einem Gewehr veranstaltet, und dabei hätte der kurzsichtige Freund Scheibers silbergrauen Renault beschädigt. Die Frau mutmaßte, dass der Freund beim Verschwinden ihres Bruders seine Hand im Spiel gehabt hatte. Der Name des Freundes: Wolfgang Mittermayer.

Sofort hatten die Gendarmen sich zu Mittermayer aufgemacht, um ihn waffenrechtlich zu überprüfen und ihn nach dem Verbleib Harald Scheibers zu fragen. Als Mittermayer sich in Widersprüche verstrickte, nahmen sie ihn mit auf den Posten.

Dort erzählte der junge Mann stockend von einer gemeinsamen Fahrt zu einem Jugendtreffpunkt und einem angeblichen Verkehrsunfall, bei dem Scheiber unglücklicherweise zu Tode gekommen sei. Er, Mittermayer, wäre daraufhin in Panik geraten und hätte die Leiche des Freundes im Kofferraum seines VW-Golf versteckt.

Jetzt, nach der Obduktion, war an einen Unfalltod nicht mehr zu denken. Die Beamten der Kriminalabteilung, die den Fall übernommen hatten, wussten das. Sie konfrontierten Mittermayer zunächst aber nicht mit den Tatsachen. Stattdessen fragte Bezirksinspektor Klaus Mündler: »Wann ist denn der Unfall passiert?«

Ohne im Geiste nachrechnen zu müssen, antwortete Mittermayer: »Vor vier Tagen. Am Mittwoch.«

»Und wann genau?«

»Um zirka zehn Uhr abends.«

Diese Aussage stimmte mit Professor Zollers Schätzung überein.

Fahnder Mündler wollte wissen, wo sich der vermeintliche Unfall ereignet hatte.

Daraufhin Mittermayer: »Auf einem Güterweg westlich von Horn.«

Um neun Uhr begannen die Tatortbeamten auf der schmalen, asphaltierten Straße, die durch einen lichten Wald führte, mit der Spurensicherung. Am Wegrand fanden sie zwischen Fichtennadeln ein schwarzes Feuerzeug. Hatte es Harald Scheiber gehört? Selbst wenn, wäre damit nicht einmal bewiesen, dass Scheiber sich an diesem Platz aufgehalten hatte. Mittermayer hätte den Beamten eine weitere Lügengeschichte auftischen können, wäre er wortgewandter gewesen. Doch zu diesem Zeitpunkt war er bereits eingeschüchtert. Angstvoll beobachtete er die Kriminalisten, wie sie sich nicht nur die »Unfallstelle« besahen, sondern auch das Unterholz im näheren Umkreis der Waldlichtung absuchten. Die Entdeckung, die sie in etwa 20 Metern Entfernung bei einer Baumgruppe machten, widerlegte Mittermayers Unfallversion.

Ein Eisenrohr. Einen Meter lang, vier Zentimeter dick und über drei Kilogramm schwer. Und auf gut einem Drittel dieses Rohres haftete rotbraune Farbe – eingetrocknetes Blut mit darauf klebenden Haaren.

Er bewohne mit seiner Mutter in Kaltendorf ein Einfamilienhaus, erzählte der Verdächtige den Ermittlern. Er war das einzige Kind seiner geschiedenen Eltern. Seit drei Monaten arbeitete er für 720 Euro monatlich als Gabelstaplerfahrer in Gars. Eine feste Freundin hatte er nicht.

Mittermayer kannte Harald Scheiber seit etwa zwei Jahren. Es verband sie eine lockere Freundschaft – keine regelmäßigen Treffen, sondern zufällige Begegnungen in einem Lokal in Horn, wo sie ein Seidel Bier, ein Cola-Rum, meistens aber etwas Alkoholfreies miteinander tranken.

Der Vernehmungsbeamte Klaus Mündler fragte Mittermayer nach den Schießübungen im Wald, woraufhin der junge Mann antwortete, er habe auf die Reifen von Scheibers Renault gezielt, aber die Windschutzscheibe getroffen – aus Versehen, er sehe halt schlecht.

Mündler nahm die fadenscheinige Erklärung des Verdächtigen nicht hin und entlockte ihm den Grund für die Schießübungen: gegenseitige Hänseleien wegen der Automarken.

Mittermayers Kiefer verhärtete sich. Er biss die Zähne fest zusammen – noch immer steckte böser Groll gegen seinen Freund in ihm.

»Jetzt erzähl uns einmal, was am Mittwoch passiert ist, und zwar von da an, wo du Scheiber begegnet bist.«

»Ich hab' ihn zufällig im Horner Lokal getroffen. Er wollte zum Jugendtreffpunkt nach Altenburg fahren, und weil ich ihm ja sein

Auto beschädigt hab', hat er verlangt, dass ich ihn hinfahre. Er ist auf der Beifahrerseite in meinen Golf eingestiegen, aber schon davor hat er mich ständig aufgezogen. Ich hatte eine Riesenwut auf ihn. Im Auto hat er dann weiter gestichelt. Er hat einfach nicht aufgehört.«

»Und da hast du dir gedacht: Den bring' ich jetzt um.«

»Das weiß ich nicht. – Nein«, widersprach sich Mittermayer. »Ich glaube, ich hab' nur gedacht: Jetzt muss irgendwas passieren.«

»Und was ist passiert?«

»Ich hab' die Abkürzung über den Güterweg genommen. Nach zirka zwei Kilometern hab' ich den Wagen ausrollen lassen und gesagt, dass der Motor heiß gelaufen ist. Das ist nämlich schon öfters passiert. Zu diesem Zweck führe ich auch das Eisenrohr im Kofferraum mit. Ich kann dann den Motorblock vom Kühlsystem wegbewegen, und der Ventilator schaltet sich wieder ein.«

Um sicher zu gehen, fragte Kriminalist Mündler nach: »Du hast die Panne diesmal aber nur vorgetäuscht?«

»Ja. Wir sind beide ausgestiegen und haben den Wagen vom Asphalt runter auf die Waldlichtung geschoben. Ich hab' das Eisenrohr aus dem Kofferraum geholt und die Motorhaube aufgemacht. Dabei hat der Harald immer geschimpft.«

»Was genau hat er gesagt?«

»›Dass dieses depperte Auto immer krepieren muss!‹ und ›Ein Golf ist ein Scheißhäusel!‹«

»Und was hast du gesagt?«

»›Jetzt reicht 's. Halt die Goschn, sonst betonier' ich dir eine!‹«

»Er hat nicht den Mund gehalten?«

»Nein. Er hat gelacht und gesagt: ›An Glatzerten mit an Golf soll man gar net auf d' Straßn lassen!‹«

»Er hat mich beleidigt«, fuhr Mittermayer mit brüchiger Stimme fort. »Wegen meiner Krankheit. Da hab' ich mich nicht mehr zurückhalten können. Irgendwie hat mein Denken ausgesetzt. Ich hab' das Eisenrohr in der Hand gehabt und ihm damit gedroht. Er hat noch gesagt: ›Na, hau her!‹ – Da hab' ich ausgeholt und zugeschlagen.«

In seinem Wutrausch hatte Mittermayer so lange auf Scheiber eingedroschen, bis ihn seine Kraft verließ. Als er den blutüberströmten Freund reglos daliegen sah, versuchte er, ihn wiederzubeleben. Vergebens. Mittermayer schleifte den Toten zum Kofferraum, hievte ihn hinein und fuhr weg. Als er bemerkte, dass sein Gesicht und seine Hände blutverschmiert waren, hielt er neben einem Bach und wusch sich. Dann fuhr er ziellos umher, tankte in der Nähe von Krems den Wagen auf und fuhr anschließend heim nach Kaltendorf.

Um vier Uhr, früher als gewöhnlich, machte Mittermayer sich am nächsten Morgen zu seinem Arbeitsplatz nach Gars auf. Dort wickelte er die Leiche in einen grünen Müllsack, beließ sie aber im Kofferraum. Bis um drei Uhr nachmittags stand der Wagen in der prallen Sonne auf dem Firmenparkplatz.

Nach Arbeitsschluss kam Mittermayer die Idee, sich bei Harald Scheibers Eltern nach dessen Aufenthalt zu erkundigen. Er erbot sich sogar, mit Scheibers Freundin nach dem Abgängigen zu suchen. Und während Mittermayer das Mädchen in seinem VW-Golf zu verschiedenen Treffpunkten chauffierte, lag die Leiche des Freundes die ganze Zeit über im Kofferraum.

Am nächsten Tag nahm Mittermayer Verwesungsgeruch wahr. Er entschloss sich, den Wagen auf dem Firmenparkplatz stehen zu lassen und mit dem Bus zu fahren. Was er mit Auto und Leiche vorhatte, wusste er selbst nicht. Offenbar versuchte er, beides aus seinem Gedächtnis zu streichen, was bis zu dem Moment funktioniert hatte, als Harald Scheibers Schwester auf den Gendarmerieposten gekommen war, um ihren Verdacht zu melden.

Die Ermittler hätten den Fall nun dem Staatsanwalt übergeben können, hätten sie sich nicht an einem Detail gestoßen. Ihre Kollegen vom Tatort hatten den Wagen genau fotografiert. Die Bilder zeigten winzige rote Punkte, die auf dem Lenkrad und an den Innenseiten der Scheiben klebten. Zweifelfrei handelte es dabei um Blut, wie die so genannte Peroxid-Probe bewies. Dabei wird Wasserstoffperoxid (H_2O_2) auf den Fleck aufgesprüht. Bei positiver Reaktion schäumt die Spur auf.

Winzige Blutspuren auf der Windschutzscheibe.

Dass die Blutstropfen in Mittermayers Wagen von einem Menschen stammten, wiesen die Tatortbeamten mit dem »Hexagon OBTI Test« nach – ein weißes Plastikstäbchen mit Sichtfenster, in dem bei positivem Ergebnis etwa zwei Minuten nach Auftragen der Spur zwei blaue Streifen erscheinen. Das Teststäbchen enthält monoklonale Antikörper, mit welchen das menschliche Hämoglobin (roter Blutfarbstoff) reagiert, wodurch die anschließende Farbveränderung hervorgerufen wird.

Weshalb also gibt es im Auto Blutspritzer, wenn der Täter sein Opfer außerhalb des Autos erschlagen hat?

Bezirksinspektor Mündler und seine Kollegen nahmen Mittermayer noch einmal ins Gebet. War seine Auseinandersetzung mit Scheiber nicht schon im Wagen heftiger gewesen? Hatte er Scheiber vielleicht da bereits ins Gesicht geschlagen und Nasenbluten bei ihm ausgelöst?

Mittermayer leugnete vehement.

Die Beamten waren ratlos, sie fanden keine Erklärung.

Allein der Fliegen-Experte kannte die Lösung. »Das ist ›Fliegenschiss‹«, meinte Professor Zoller leichthin.

»Bitte – was?«, fragte Mündler und blickte argwöhnisch wie seine Kollegen.

Wenn einer Fliegen züchtet, weiß er natürlich auch über deren Verdauungssystem Bescheid.

Professor Zoller: »Fliegen besitzen leckend-saugende Mundwerkzeuge. Sie geben über ihren Rüssel Speichelsaft ab, der feste Nahrung, zum Beispiel Zucker, auflöst. Dann können sie mit ihren beiden halbkreisförmigen Saugpolstern die verflüssigte Nahrung auftupfen.

Blut trinken die Fliegen direkt, weil es flüssig ist und sie Eiweiß brauchen. Durch die Saug-Pump-Wirkung des Rüssels gelangt das Blut in ihren Kropf, den Nahrungsspeicher. Erst bei Bedarf gibt die Fliege die Nahrung an den Mitteldarm weiter. Dafür muss sie den Kropfinhalt hervorwürgen, und es kann ihr passieren, dass dieser Vorgang zu heftig ist.«

Mündler begann zu verstehen.

»Der Kropfinhalt hängt nun als Flüssigkeitströpfchen vorne am Rüssel«, fuhr Zoller fort. »Wenn die Fliege nicht aufpasst, verliert sie dieses Tröpfchen, das dann als kreisrundes Pünktchen irgendwo kleben bleibt. Im Volksmund nennt man das ›Fliegenschiss‹. Jede Hausfrau weiß, dass sich das schlecht wegputzen lässt, weil es von Verdauungssäften und Zuckergehalt so klebrig ist. Bei den Pünktchen auf dem Lenkrad und den Scheibeninnenseiten des VW-Golf handelt es sich also um von den Fliegen erbrochenes menschliches Blut – Blut, nachdem es durch den Verdauungstrakt der Fliege gegangen ist.«

Bezirksinspektor Klaus Mündler fand Zollers Erklärung so verblüffend, dass sich seine poetische Ader regte. Über Kunst lässt sich ja streiten – jedenfalls hier das Gedicht, das Mündler für Professor Zoller reimte:

Die Fliege direkt von der Leiche frisst
und sodann aufs Lenkrad »pisst«,
ahnt gar nicht, was sie tut.
Denn es sieht so aus, als wären es Spuren von Blut.
Der Perox-Test, der Tatort nahm es positiv,
und schon hing die Aussage des Täters schief.
Doch der Gerichtsmediziner
ist ein Schlawiner.
Der hat die Fliegen studiert
und den Test revidiert.
Das Gericht ist zumindest in dieser Sache im Klaren,
denn so eine Aussage hilft Kosten sparen.
Und die Moral von der Geschicht':
Bei Fliegen geht es ohne Zoller nicht!

Nachtrag I

»Einmal hat man wegen der Fliegen in einem Krankenhaus Obduktionsverbot gegen mich erlassen«, erinnert sich Professor Zoller. »Das war Mitte der 1980er Jahre in Krems – ein besonders bizarrer Fall. Ein Ehepaar mit einem krassen Altersunterschied, sie 18, er 70. Sie war geistig etwas schwächlich und froh, dass sie einen Mann und ein Zuhause hatte. Er war froh, dass er eine junge Frau hatte.«

Das Paar wohnte im ersten Stock eines Zinshauses und hatte ein Kabinett frei, das es an einen aus der Justizanstalt Stein entlassenen Häftling vermietete. Dieser junge Mann, der wegen Totschlags eingesessen hatte, fing mit der Frau ein Verhältnis an. Eines Tages beschlossen die beiden, den Alten aus dem Weg zu räumen. Während er schlief, setzten sie ihm ein Flobertgewehr an die Stirnmitte und erschossen ihn.

»Die Auffindungssituation war grauenhaft«, erzählt der Gerichtsmediziner. »Der alte Mann lag in Rückenlage im Bett, zugedeckt mit Tuchenten und Decken bis zu einem Meter über sich. Er war hochgradig faul. Alle Fenster waren zu, und Fenster und Türen mit Klebebändern abgedichtet.«

Die Nachbarn, die sich über den Gestank beschwert hatten, waren von dem jungen Paar mit dem Kommentar abgefertigt worden, die Katze hätte sich verkrochen und wäre vermutlich eingegangen. Doch bald wurden die Nachbarn misstrauisch. Eine Katze konnte keinen solchen Gestank verursachen.

»Sie haben sogar Duftlampen aufgestellt und Raumspray versprüht, aber die Situation wuchs den beiden bald über den Kopf«, sagt Zoller. »Der Alte war offenbar schon so faulig, dass sie ihn nicht mehr wegschaffen konnten. So beschlossen sie etwa zwei oder drei Wochen nach dem Mord, gemeinsam Selbstmord zu begehen.«

Das Pärchen zog sich auf die Couch im Kabinett zurück. Der Mann erschoss zuerst die Frau und dann sich selbst. So blieben sie weitere 14 Tage dort liegen. Es war heißer Sommer.

Selbst für den Experten zählte der Anblick zum Schauerlichsten, was er je erlebt hatte. »Können Sie sich vorstellen, wie es ist, wenn Millionen Maden aneinander reiben? Das macht ein Geräusch, wie wenn Seidenpapier zerknistert wird. Dieses Geräusch erfüllte den ganzen Raum. Ich hab' es nie wieder anderswo gehört. Der alte Mann im Schlafzimmer war nicht so schlimm, weil die Fäulnisflüssigkeit von den Decken und Matratzen aufgesaugt wurde. Auch waren die meisten Fliegen da schon geschlüpft, und durch das Verkleben der Fenster sind keine neuen mehr hinzugekommen.«

»Aber das Pärchen war ein Horror«, erinnert sich Zoller. »Es war über und über mit Fliegenmaden übersät. Es sah aus, als trügen sie eine gemeinsame weiße Zipfelmütze. Die Leichen waren derart gasgebläht, dass der Totenbestatter den Deckel des Blechsarges nicht schließen konnte. Ich hab' dann erlaubt, dass man den Leichen einen Bauchstich versetzt, um sie abtransportieren zu können.«

Bei der anschließenden Obduktion im Krankenhaus Krems kletterten die Maden zu Tausenden über den Tischrand. »Man kann die Maden nicht abtöten. Man könnte sie lediglich mit kochendem Wasser übergießen, aber das würde den Gestank der faulenden Leiche noch fördern. Mein Laborant hat sich einen Schneeschuber ausgeliehen und die Maden damit in den Gully geschoben. Es macht nämlich ein furchtbares Geräusch, wenn man auf die Maden steigt – es klatscht, wenn sie zerplatzen. Das ist grausig, grausiger als alles andere in der Gerichtsmedizin.«

Professor Zollers Assistenten waren freilich etliche Maden entgangen, sie hatten sich in Ritzen und Möbeln verkrochen. »Zwei Wochen später kam der erboste Anruf des Krankenhaus-Pathologen: Die ganze Prosektur sei schwarz – alles voller Fliegen. Er erließ ein Obduktionsverbot für die Gerichtsmedizin. Wir durften keine faulen Leichen mehr dort sezieren.«

Macht die Obduktion derart zersetzter Leichen überhaupt Sinn?

»Aber selbstverständlich!«, bekräftigt Zoller. »Wir konnten anhand der Beschmauchung der Knochen die Schüsse und damit den Hergang der Taten rekonstruieren.«

Nachtrag II

Auch privat hat der Fliegen-Experte ein Faible für Insektenhaltung: Er züchtet Bienen. Wie die berufsbedingte Aufzucht von Maden hat dieses Steckenpferd gleichfalls seine Wurzeln in der Kindheit. »Meine Eltern nahmen mich als Bub einmal auf einen Bauernhof-Urlaub mit. Dort war ein Imker, der hat mir alles gezeigt.« Viele Jahre vergingen, ohne dass die Eltern Zoller erlaubten, Bienen zu halten. Erst als Erwachsener konnte der Gerichtsmediziner sich seinen Jugendtraum erfüllen. »Da kaufte ich mir das Wochenendhaus im Waldviertel.«

Das Waldviertel – ein rauer, einsamer Landstrich im nordwestlichen Niederösterreich, der den Kindern des Professors bald langweilig wurde. »Als wir die Wochenenden nicht mehr regelmäßig dort verbrachten, übersiedelte ich meine Bienen kurzerhand nach Wien.«

Die acht Stöcke stehen jetzt auf der Dachterrasse von Zollers Wohnung im 17. Bezirk, im dicht verbauten Gebiet. Die Nachbarn stören sich nicht daran, und für den Gerichtsmediziner ist die Betreuung seiner Bienen ein hervorragender Ausgleich zum täglichen

Stress. »Man kann das nur entspannt machen. Schließlich will man als Imker nicht im Schutzanzug zu seinen Bienen kommen, sondern im T-Shirt. Ist man angespannt und verschwitzt, attackieren einen die Tiere sofort.

Wenn ich nach Hause komme, dusche ich und gehe dann eine halbe Stunde lang zu meinen Bienen. In dieser Zeit kann ich einen Stock betreuen«, fährt der Professor fort. »Das ist wie autogenes Training, macht ganz locker und cool. Danach kann ich mich gelöst ins Privatleben begeben.«

Doch auch aus medizinischen Gründen hält Zoller die Imkerei für ein gesundheitsförderndes Hobby. »Man sagt, Imker werden besonders alt. Das liegt daran, dass sie regelmäßig dem Bienengift ausgesetzt sind. Das stärkt das Immunsystem, und man ist besser vor Infektionskrankheiten geschützt.«

Egal, ob Bienen oder Fliegen, Professor Zoller kennt sich aus.

TÖDLICHE KARAMBOLAGE
oder
Der Biomechaniker

Etwa um dieselbe Zeit, als Eduard Ritter von Hofmann, der hervorragende Vertreter der Wiener Gerichtsmedizin, wirkte, spielte ein Doktor Hoffmann auch an der Medizinischen Universität München eine wichtige Rolle. Allerdings schrieb dieser Hoffmann sich mit zwei f, und ein eigenständiges Institut für Rechtsmedizin existierte gegen Ende des 19. Jahrhunderts in Bayern noch gar nicht.

Hoffmann war Landgerichtsarzt. Während seiner Tätigkeit erfuhr das forensische Fach eine erhebliche Aufwertung. Mit einer neuen Prüfungsordnung erhob man es zur Pflichtvorlesung, ohne deren Besuch angehende Ärzte nicht zum Staatsexamen zugelassen wurden. Als Hoffmann 1909 wegen Krankheit seine Ämter niederlegen musste, begann die schwierige Suche nach einem Nachfolger. Während das königlich-bayrische Staatsministerium für Inneres besonderes Augenmerk auf die landgerichtsärztlichen Aufgaben legte, beharrten die Vertreter der Münchener Fakultät auf der Berufung einer wissenschaftlich herausragenden Kraft. Sie hielten es für unumgänglich, einen Österreicher zu bestellen, da die Gerichtsmedizin in der k & k Monarchie eine wesentlich günstigere Entwicklung genommen hatte als im Deutschen Reich.

Als Wunschkandidaten nannte die Fakultät den in Prag geborenen Professor Max Richter. Durch seine langjährige Tätigkeit am großen Wiener Institut wäre die Voraussetzung für eine gründliche praktische Ausbildung künftiger Gerichtsmediziner in München gegeben, hieß es. Richter hatte sich auch wissenschaftlich hervorgetan, unter anderem auf dem Gebiet der gerichtsärztlichen Diagnostik, mit dem Vergiftungsnachweis durch Kohlendunst und Zyanid sowie mit der Untersuchung des Todes nach Stichverletzungen des Herzens und des Plötzlichen Kindstods.

Das Staatsministerium folgte dem Vorschlag der Fakultät und nahm Verbindung mit Richter auf. Doch dieser lehnte ab. Es würde an ausreichendem Leichenmaterial für den Unterricht fehlen, lautete die Begründung des Wiener Gelehrten. Außerdem ließe die mit der Professur verknüpfte Landgerichtsarztstelle nicht genügend Zeit für die Ausbildungstätigkeit und das wissenschaftliche Arbeiten.

Erst als man Richter die Schaffung eines eigenen Instituts samt einem Assistenten und einem Diener genehmigte, nahm er das Ordinariat an. Somit wurde das Institut für Rechtsmedizin 1909 zum festen Bestandteil der universitären Landschaft Münchens. Es wurde zunächst im alten Anatomiegebäude in der Schillerstraße 25 untergebracht.

In den folgenden beiden Jahren brach ein regelrechter Kampf zwischen Rechtsmedizin und Anatomie aus – ein Kampf um Leichen. Denn an der Rechtsmedizin war man lediglich dazu berechtigt, Studenten die äußeren Leichenveränderungen zu demonstrieren, die Obduktionen blieben der Anatomie vorbehalten. Mit seiner Ankündigung, er werde nicht mehr lesen, erzwang Professor Richter eine Gesetzesänderung. Seit 1911 dürfen polizeiliche Leichen und in Münchener öffentlichen Krankenhäusern an nicht natürlichen Ursachen Verstorbene im Institut für Rechtsmedizin seziert werden. Des Kampfes aber offenbar müde geworden, ersuchte Richter 1913 seine Versetzung in den vorzeitigen Ruhestand und ließ sich als Kurarzt in Bad Reichenhall nieder.

In die Amtszeit von Richters Nachfolger Professor Hermann Merkel, der das Institut bis 1945 leitete, fielen unter anderem die politischen Unruhen von 1919 und die Ermordung des Ministerpräsidenten Kurt Eisner. In dieser Periode brachte das Münchener Institut etliche Kapazitäten hervor, die später Rechtsmedizinischen Instituten in ganz Deutschland vorstanden.

1944 wurde das Gebäude in der Schillerstraße durch mehrere Bombentreffer schwer beschädigt. Unter Mühen bewältigten die verbliebenen Mitarbeiter den Umzug in die Frauenlobstraße 7A, in Räume, die die Pathologie zur Verfügung stellte. US-amerikanische Soldaten besetzten das Institut ab 1. Mai 1945 für einige Tage, weil sie es fälschlicherweise für eine Außenstelle des Konzentrationslagers Dachau hielten.

In den Nachkriegsjahren vergrößerte sich das Einzugsgebiet, die Anzahl der Obduktionen stieg auf beinahe das Doppelte an. Wegen Platzmangels wird das Institut voraussichtlich 2006 in die Innenstadtkliniken in der Nussbaumstraße übersiedeln.

Mit übersiedeln wird auch die Abteilung für Biomechanik, die 1970 wegen der zunehmenden Fragestellungen zu den Geschehnisabläufen bei Verkehrsunfällen entstand.

Biomechanik. – Was ist das eigentlich?

Ein Wissenschaftsbereich an der Grenze zwischen Physik und Biologie, steht im Bertelsmann Universallexikon. Die weiteren Erklärungen muten umständlich an: Bewegungen von belebten Körpern spielen eine Rolle, außerdem mechanische Gesetzmäßigkeiten und anatomische sowie physiologische Erkenntnisse.

Das Internet macht 's etwas griffiger, aber auch nicht wirklich anschaulich: Unter Biomechanik versteht man die Erforschung der Mechanik des Körpers, besonders der Kräfte der Muskeln und der Gravitation der Skelett-Struktur.

Am treffendsten lässt sich die Arbeitsweise in diesem Fach wohl an einem Fall schildern, den Doktor Armin Neubauer, Diplomphysiker und Leiter der Biomechanik-Abteilung an der Rechtsmedizin München, vor wenigen Jahren bearbeitete:

Es war am 23. September um 22 Uhr, eine stockdunkle Neumondnacht mit Nieselregen. Die 59-jährige Emma Toifl fuhr in ihrem Mittelklasse-Honda älteren Baujahrs auf der A 96 von Lindau in Richtung München. Auf der Höhe des Ammersees geriet ihr Wagen plötzlich ins Schleudern. Über die Ursache kann nur spekuliert werden – vielleicht nickte Toifl für Sekundenbruchteile am Steuer ein. Jedenfalls prallte ihr Honda gegen die Leitplanke und kam quer zur Fahrbahn zum Stehen.

Herwig Kaufmann (47) war in dieselbe Richtung unterwegs – im Mazda 323 mit 120 Stundenkilometern. Eine moderate Geschwindigkeit für die nachts beinahe leere Autobahn, würde man meinen.

»Viel zu schnell«, sagt Physiker Armin Neubauer. »Um bei derart schlechten Licht- und Fahrbahnverhältnissen ein stehendes Hindernis rechtzeitig zu erkennen und anzuhalten, hätte Kaufmann höchstens 80 km/h fahren dürfen.«

Mit 120 krachte er in die linke Seite von Emma Toifls Honda. Durch den Aufprall wurde ihr Wagen in zwei Teile gerissen. Unglücklicherweise war es das Heck, das an den Fahrbahnrand schlitterte und somit in das weitere Geschehen nicht mehr einbezogen war. Die vordere Wagenhälfte mit der Fahrerin blieb an Ort und Stelle. Gottfried Wegner (45) im BMW raste mit ebenfalls etwa 120 Stundenkilometern hinein.

Ein Lkw-Fahrer, der hinter Toifl gefahren war und noch rechtzeitig bremsen und an der Seite hatte stoppen können, wurde Zeuge des Unfalls und schilderte der Polizei den Hergang. Auch die beiden Männer, die mit erheblichen Verletzungen in die Unfallklinik gebracht wurden, konnten sich später an den Verlauf erinnern. Emma Toifl jedoch konnte nichts mehr zur Aufklärung beitragen. Das Gurtsystem ihres Honda war aus der Verankerung gerissen und Toifl aus dem Wagen geschleudert worden. Sie lag tot auf der Fahrbahn.

In der Folge kamen technische Sachverständige der DEKRA* an den Unfallort. Gemeinsam mit den Polizisten markierten und vermaßen sie Reifenspuren, fotografierten die Details an der Kollisionsstelle und berechneten Bremswege. Anschließend schleppten sie die beteiligten Fahrzeuge ab, um die Schäden zu begutachten und diese zu fotografieren.

Währenddessen wurde Emma Toifls Leiche zur Sektion in das Rechtsmedizinische Institut München gebracht. Neben den Obduzenten war auch Diplomphysiker Neubauer anwesend. Er hatte die schwierige Frage zu klären, was oder wer den Tod der Frau verursacht hatte. »Es gab ja drei Ereignisse«, erläutert der Biomechaniker. »Toifls Crash mit der Leitplanke aus Eigenverschulden; Herwig Kaufmann, der mit seinem Mazda in den Honda raste; und Gottfried Wegner, dessen BMW mit der vorderen Autohälfte kollidierte.«

Der BMW verursachte die tödlichen Verletzungen.

Der ganze Körper der Frau wies schwerste Verletzungen auf. Ihr Gehirn etwa war an mehreren Stellen eingerissen, die Halswirbelsäule wies eine Fraktur auf, und es gab etliche Rippenbrüche, die die Organe im Brustkorb beschädigten. Neubauer: »Anhand dieser Verletzungen sah ich, dass eine erhebliche Gewalteinwirkung gegen den Oberkörper stattgefunden hatte. Die Halswirbelsäule musste eine extreme Beugung durchgemacht haben.«

In seinem zweiten Arbeitsschritt erfragte der Biomechaniker nähere Einzelheiten zur Unfallrekonstruktion. Von den technischen Sachverständigen erhielt er Fotos und Berichte über die Beschädigungen an den Fahrzeugen. Diese Daten – Geschwindigkeiten und Anstoßrichtungen – gab Neubauer in seinen Computer ein. Auf dem sehr leistungsfähigen PC laufen Programme, die nach einem halben Tag eine Simulation der Bewegungen am Bildschirm liefern. »Bei einem so komplizierten Geschehen wie dem Unfall auf der A 96 muss man die Eingabedaten aber öfters variieren, um zu einem aussagekräftigen Resultat zu kommen. Diese Berechnungen nehmen mehrere Tage in Anspruch.«

Neubauer erhielt durch die Simulationen auch Angaben zu den Kräften, die beim Unfall gewirkt hatten. »Es waren zirka 10 000 bis 15 000 Newton bei einer Beschleunigung, die das 40- bis 50-fache der Erdbeschleunigung ausmacht. Vergleichbare Werte treten bei einem Sturz aus gut fünfzehn Metern Höhe auf – zum Beispiel, wenn jemand aus dem fünften Stock eines Hochhauses stürzt.«

Emma Toifl hätte ihre selbstverschuldete Kollision mit der Leitplanke überlebt. Herwig Kaufmanns Mazda verursachte schwere Verletzungen an der Frau, die aber nicht zum Tod führten. Gottfried Wegners BMW schließlich, der den Fahrersitz rammte, verursachte Toifls Tod.

Die beiden Männer, die nicht unter Alkoholeinfluss standen, wurden wegen fahrlässiger Tötung angeklagt und zu einer Geldstrafe verurteilt. Ihre Vorstrafe bleibt für fünf Jahre ins Bundeszentralregister und in ihr Führungszeugnis eingetragen.

Nachtrag

Was wäre München ohne das alljährliche Oktoberfest? Um einiges gewaltloser, meinen kritische Geister.

Erst im vergangenen Herbst geriet eine besonders brutale Rauferei in die Schlagzeilen. »Maßkrug-Angriff auf dem Oktoberfest gilt jetzt als Kapitalverbrechen« betitelte ein auflagenstarkes Nachrichtenmagazin seinen Bericht. Ein biederer, 39-jähriger Geschäftsmann, hieß es weiter, der nach dem Genuss von vier Maß Festbier handgreiflich geworden war, musste sich vor Gericht wegen versuchten Totschlags verantworten.

Doktor Armin Neubauer erzählt von diesem Fall: »Auf der Wiesn herrscht ja ein ziemliches Gedränge. Zwei miteinander nicht bekannte Gruppen saßen an benachbarten Tischen. Der Geschäftsmann saß Rücken an Rücken mit einem Fußballer Anfang 20 und fühlte sich von diesem offenbar gestört. In einer Rangelei stiegen sie auf den Tisch, der Fußballer fiel hin, und der Geschäftsmann schrie: ›Den bring ich um!‹ Er nahm seinen leeren Bierkrug und schlug zweimal auf den Kopf seines Opfers ein. Der junge Mann trug Platzwunden und Prellungen davon.«

Er war haarscharf einem Schädelbruch entgangen, wie der Biomechaniker befand. Der Gewaltausbruch des Geschäftsmannes hätte für den Fußballer genauso gut tödlich enden können.

Die Staatsanwaltschaft, die gegenüber rabiaten Bierzelt-Besuchern mehr Härte demonstrieren wollte, beauftragte Doktor Neubauer, in seinem Labor am Rechtsmedizinischen Institut Schlagversuche durchzuführen. Dafür verwendete der Experte zwei Skelettschädel von Menschen, die ihren Körper nach ihrem Tod der Wissenschaft zur Verfügung gestellt hatten. Einen der Schädel stellte Neubauer auf die Platte einer so genannten Kraftmesszelle und schlug mit einem Maßkrug darauf ein. Der Schädel war zertrümmert.

Indem er die Aufschlaggeschwindigkeit etwas erhöhte, wiederholte Neubauer den Versuch mit dem zweiten Schädel. Auch dieser ging kaputt. Der Biomechaniker kam zu dem Ergebnis, »dass bei einem solchen Schlag mit dem Bierkrug auf den Kopf Kräfte zwischen 20 000 und 40 000 Newton wirken. Werte, die sich der oberen Grenze nähern, führen in jedem Fall zu einem Schädelbruch.«

Fazit: Glück gehabt. Hätte der Geschäftsmann ein wenig wuchtiger zugeschlagen oder besser getroffen, wäre aus dem versuchten Totschlag ein Totschlag geworden.

Der Angeklagte zeigte sich bei seinem Prozess entsetzt über sich selbst. »Ich war vorher nie gewalttätig und hab' noch nie jemand was getan«, bemerkte er. »Ich weiß, ich hab' eine Riesendummheit gemacht.«

Der Richter des Schwurgerichts München I befand, die Tötungsabsicht könne dem Mann nicht nachgewiesen werden. Er sprach ein Urteil wegen gefährlicher Körperverletzung. Es lautete: drei Jahre und neun Monate Haft.

MORD IN ZWEI ETAPPEN
oder
Abstecher in die Giftkunde

In seinem Ratgeber »Du und dein Garten« von 1966 empfiehlt Anton Eipeldauer, eine Kapazität unter den Landschaftsgärtnern, den Blauen Eisenhut zu kultivieren. »Diese Staudenart wirkt sehr imposant. Sie wird etwa 1,50 Meter hoch, hat tiefdunkelblaue Blüten und blüht in den Monaten Juli und August.«

Gernot Gratkohl aus Oberbayern befolgte Eipeldauers Rat. Auch er konnte sich für den Blauen Eisenhut begeistern – für dessen üppigen Wuchs; für das handförmig gelappte, zierlich geschlitzte Laubwerk; für das helmartige, samtige Perigon*, das die bestäubenden Hummeln zum süßen Nektar am Blütengrund lockt.

Blauer Eisenhut –
die giftigste Pflanze Europas.

Gratkohl, seine Frau Marianne und sein Sohn Wolfgang wohnten in einem Vorort von München. Gernot war Lehrer für Biologie und Chemie, Marianne unterrichtete Turnen und Erdkunde an derselben Realschule, und der zwölfjährige Wolfgang besuchte den dortigen sechsten Jahrgang. Als perfekt eingespieltes Team fuhren die drei jeden Morgen gemeinsam im Familienauto zur Schule und mittags wieder heim in ihr Reihenhaus. Bei schönem Wetter verbrachten sie ihre Nachmittage hinter dem Haus – in dem kleinen Garten, den sie mit Liebe pflegten. Er war eine Zierde für die ganze Siedlung. Davon schwärmte Marianne, als sie noch glücklich war.

Eines Abends endete das Glück in dieser Vorstadtidylle. Marianne fuhr rasch zum Fußballplatz im Nachbarort, um Wolfgang vom Training abzuholen. Der Junge saß auf dem Beifahrersitz, als ein Reh von rechts heranpreschte. In der Dämmerung sah Marianne das Tier zu spät. Sie riss in letzter Sekunde das Lenkrad herum, der Wagen prallte frontal gegen einen Baum. Mutter und Sohn wurden schwer verletzt in die Unfallklinik gebracht. Marianne erholte sich wieder, Wolfgang aber erlag seinen Verletzungen.

Für die Gratkohls war von diesem Tag an nichts mehr, wie es gewesen war. Marianne, vor dem Unfall eine lebensfrohe, extrovertierte Frau, verfiel in eine Depression. Freunde und Bekannte litten mit ihr. Gernot hingegen war der Typ, der seine Trauer nicht zeigen konnte. Am Grab seines Sohnes weinte er nicht, sondern ließ die Beileidswünsche stocksteif über sich ergehen. Wenn andere ihn später auf seinen menschlichen Verlust ansprachen, wimmelte er sie mit mageren Worten ab. Er wollte nicht darüber reden.

Stattdessen stürzte Gernot sich in den folgenden Monaten in die Gartenarbeit, und weil sein Garten, wie man sagt, ein Handtuch war, perfektionierte er ihn bis ins Detail. Er legte einen winzigen, mit Flusskieseln begrenzten Goldfischteich an; er zupfte, besprühte und düngte ein Rasenviereck, das Wimbledon zur Ehre gereicht hätte; und er brachte sein Staudenbeet mit Sonnen-, Finger- und Eisenhut in jedem der fünf nächsten Jahre aufs Neue und Prächtigste zum Blühen.

Der Purpurne Sonnenhut *(Echinacea purpurea)*, im mittleren Nordamerika heimisch, wurde schon früh von den Indianern als

Heilpflanze geschätzt. Auf Grund seiner das Immunsystem stimulierenden Inhaltsstoffe stellt man heute Präparate zur Steigerung der körpereigenen Abwehr aus ihm her und kultiviert ihn als Zierpflanze in Gärten.

Der Rote Fingerhut *(Digitalis purpurea)*, ein ebenso dekoratives Gewächs, ist in Europa beheimatet und enthält stark wirksame Glykoside, die zur Behandlung von Herzmuskelschwäche eingesetzt werden. Eine Überdosierung ist speziell für Herzkranke gefährlich, da sie unter anderem zu einer Störung der Herzrhythmik führt. Ein gesundes Herz hat hingegen eine relativ hohe Widerstandskraft, Vergiftungen mit Fingerhut verlaufen bei vitalen, rüstigen Menschen selten tödlich.

Der Blaue Eisenhut *(Aconitum napellus)* schließlich enthält einen Cocktail aus hochtoxischen Terpen-Alkaloiden. Chemisch gesehen sind Alkaloide eine Klasse meist farbloser, bitter schmeckender organischer Basen mit komplexem Aufbau. Sie kommen hauptsächlich in Samenpflanzen vor. Einige Alkaloide werden als Genuss- und Suchtmittel verwendet – zum Beispiel Koffein, Nikotin, Morphin und Kokain.

Das Hauptgift des Eisenhutes heißt Aconitin. Es ist in allen Teilen der frischen Pflanze enthalten, besonders in den Samen und in der Wurzel. Brennend scharf soll sie schmecken, weshalb in früheren Zeiten die Verwechslung mit Meerrettich immer wieder vorkam. Auch als Heilmittel fand der Eisenhut einst Verwendung. Davon ist man aber längst abgekommen, denn die heilende Wirkung setzt erst bei einer Konzentration ein, bei der bereits eine Giftwirkung zu befürchten ist. Mediziner und Pharmazeuten sprechen von einem zu schmalen therapeutischen Fenster.

Gernot Gratkohl wusste das alles, denn er hatte am Ende seiner Ausbildung zum Realschullehrer eine Hausarbeit über Giftpflanzen verfasst. Er wusste daher auch, dass die Jäger des Mittelalters ihre Pfeile und Tierfallen mit Eisenhut-Extrakt präparierten und Hexen es in ihre Salben einrührten. Desgleichen war ihm bekannt, dass der Eisenhut seit der Antike zum Standardrepertoire der Giftmörder gehörte.

Besonders hübsch fand Gernot die Geschichte der Entstehung der Pflanze, wie Ovid sie sich in seinen Metamorphosen vorstellte: Der griechische Sagenheld Herakles bändigte in seiner letzten und schwierigsten Aufgabe, die die Götter ihm auferlegt hatten, Zerberus, den Hüter der Unterwelt. Herakles zerrte den Höllenhund ans Tageslicht, und wo dessen Geifer auf den Boden spritzte, wuchs Aconitum.

Wenn der Eisenhut direkt aus dem Hades stammt, überlegte Gernot, braucht es einen nicht verwundern, dass das Gift durch Schleimhäute, ja sogar durch die intakte Haut in den Körper dringen kann. Bereits das Pflücken könne eine Vergiftung verursachen, hatte er in dem neuen Giftkunde-Buch gelesen. Der Autor dieses Buches riet deshalb Eltern kleinerer Kinder, die Pflanze aus ihrem Garten zu verbannen.

Ganz so teuflisch ist das Zeug auch wieder nicht, dachte Gernot. Jedenfalls hat Wolfgang seine Kindheit mit Eisenhut im Garten unbeschadet überstanden. Nur Mariannes Fahrkünste hat er nicht überlebt.

Es war ein Jahr nach dem schrecklichen Unfall, als er damit begann, sich ein kleines Chemielabor im Keller einzurichten. An jedem Dienstagnachmittag, wenn Marianne in ihre Therapiestunde ging – sie unterzog sich einer Psychotherapie, ließ sich professionell helfen, während er, Gernot, das strikt für sich ablehnte, wie sehr Marianne ihn auch zu überreden versuchte. Sie hatte schließlich aufgegeben und ließ ihn wenigstens an den Dienstagnachmittagen in Ruhe, an denen er also im Keller verschwand, um seine Pflanzen-Extrakte herzustellen.

Er brachte aus dem Garten gepflückte Blätter, Blüten, Beeren und Knollen mit, kochte sie über dem Bunsenbrenner und filtrierte den Sud. Die grünlichen, bräunlichen, manchmal rötlichen Flüssigkeiten füllte er in braune 100-Milliliter-Glasflaschen, die er mit *Convallaria majalis, Colchicum autumnale* oder eben *Aconitum napellus* etikettierte. Er wählte die lateinischen Bezeichnungen, weil Marianne sich damit nicht auskannte. Dass Maiglöckchen und Herbstzeitlose giftig sind, hätte sie vermutlich gewusst. Über eines aber war Gernot sich sicher: Wie die meisten Menschen ahnte seine Frau nicht, dass der Eisenhut die wahrscheinlich giftigste aller europäischen Pflanzen ist. Wie hätte sie es auch wissen sollen. Gartenratgeber wie jener von Eipeldauer erwähnten dieses Faktum entweder gar nicht oder nur am Rande.

Es war ohnehin kaum denkbar, dass Marianne die Fläschchen zu Gesicht bekommen würde, denn Gernot verstaute sie in dem alten Schrank aus Walnussholz, der einst seinem Großvater gehört hatte und im Keller noch Verwendung fand. Gernot bewahrte darin Dinge wie Benzinkanister, Motoröl und Unkrautvernichter auf. Das war auch der Grund, weshalb Marianne es nicht merkwürdig vorkam, dass er den Schrank stets versperrt hielt. Sie hatten es sich angewöhnt, als Wolfgang noch klein gewesen war.

Der Schlüssel lag oben auf dem Kasten, und Marianne wäre vermutlich nie auf die Idee gekommen, ihn herunterzuholen. Er, Gernot, kümmerte sich ja nun um den Garten. Er hatte diese Tätigkeit an sich gerissen. Sie war zuerst seine Therapie gewesen, dann seine Leidenschaft geworden – wie andere Männer Briefmarken sammeln oder jede freie Minute auf dem Golfplatz verbringen.

Zudem hatte Gernot Gratkohl seine heimliche Beschäftigung im Keller. Manchmal, wenn der Wetterbericht für den Dienstag Regen vorhersagte, brachte er die Pflanzen schon früher ins Haus. Er wartete ab, bis Marianne einkaufen ging oder eine Freundin besuchte. Dann breitete er die Pflanzen auf einem Gitter im Heizraum aus und ließ sie ein paar Tage trocknen.

Er freute sich jedes Mal, wenn er seine Sammlung um eine krankmachende oder todbringende Essenz erweiterte. Es war eine kindliche Freude. Er freute sich tatsächlich wie ein kleines Kind, das im Überraschungsei eine Spielzeugfigur findet, die es noch nicht besitzt. Und wenn schon. Er hatte doch bloß Spaß daran, die Extrakte herzustellen und zu horten. Er beabsichtigte ja nicht, sie jemals anzuwenden. Noch nicht.

Marianne Gratkohls Verschwinden fiel in die Blütezeit des Eisenhuts – in die Sommerferien. Genauer gesagt verschwand sie an einem Mittwochmorgen im Juli. Ihr Sohn Wolfgang wäre in diesem Jahr 17 geworden, und Mariannes seelischer Zustand hatte sich nach der langwierigen Therapie einigermaßen gebessert und stabilisiert. Sie wollte mit dem Zug von München nach Nürnberg fahren, um eine Freundin zu besuchen. Sie kam nie dort an.

»Ich hab' sie doch noch zum Bahnhof 'bracht«, sagte Gernot, als die Freundin aus Nürnberg anrief, um sich nach Mariannes Verbleib zu erkundigen. »Sie wird sich doch nicht vorn Zug g'worfen haben! Du weißt ja, wie deprimiert sie war, seit das – das mit 'm Wolfgang passiert ist.«

»Nein«, beruhigte der Polizist, dem Gernot am Mittwochabend die Abgängigkeit seiner Frau meldete. »In den letzten Tagen hat sich niemand vor einen Zug geworfen. Auch ist uns nicht bekannt, dass jemand von einem fahrenden Zug abgesprungen wär'.«

Die Beamten setzten Marianne Gratkohl zur Fahndung aus – schlanke Frau, 1,68 Meter groß, blondes, kinnlanges Haar, bekleidet mit einem gelben, kurzärmeligen Poloshirt der Marke Lacoste und einer hellblau karierten Hose. Zuletzt gesehen am Hauptbahnhof München, am Morgen des 19. Juli. Ihr Mann gibt an, sie mit dem Pkw dort abgesetzt zu haben.

Gernot wurde gebeten, ein Foto von Marianne und eine Bürste mit ihren Haaren abzugeben. Er fragte zwar nicht, wozu die Haarbürste vonnöten war, möglicherweise aber beunruhigte es ihn schon. Stand den Ermittlern eine neue, ihm noch nicht bekannte Untersuchungsmethode zur Verfügung?

Am folgenden Morgen, am Donnerstag, dem 20. Juli, fand ein Lkw-Fahrer auf einem Autobahn-Parkplatz nahe München die Leiche einer Frau. Es war Marianne Gratkohl. Die Personenbeschreibung passte, der DNA-Vergleich, damals eine brandneue Technik, ebenfalls.

Doktor Bernhard Langenthal, der Rechtsmediziner, der an den Tatort gerufen wurde, hatte die Frage nach der Todeszeit zu beantworten. Er warf aber nicht wie die »Kollegen« in manchem Fernsehkrimi einen flüchtigen Blick auf die Leiche, um dann beiläufig festzustellen: »Die Frau ist seit vorgestern halb elf Uhr tot.« Für eine präzise Aussage musste Doktor Langenthal sich mehrerer Methoden bedienen. »In Oberbayern herrschte an diesen Julitagen konstantes Hochdruckwetter«, erinnert er sich. »Das ist eine Umgebungsbedingung, die Leichen nur langsam auskühlen lässt.«

Der Rechtsmediziner führte eine rektale Temperaturmessung an der Toten durch. »Wir nehmen dafür ein geeichtes Quecksilberthermometer mit 0,1 Grad Celsius Messgenauigkeit. Ein herkömmliches Fieberthermometer eignet sich für solche Messungen nicht, da es keine Werte unter 28 Grad liefert.«

Die zweite Methode, die Langenthal anwandte, war die Beobachtung des Madenfraßes. »Unter den Bedingungen, die damals herrschten, war anzunehmen, dass Fliegen vier bis fünf Stunden nach Todeseintritt zur Eiablage an die Leiche kommen und dass aus diesen Eiern in weniger als 24 Stunden Maden schlüpfen. Die Maden, die ich an der Leiche gefunden habe, waren bereits drei bis vier Millimeter groß.«

Auch die Ausbildung von Totenflecken lässt Schlüsse auf die Todeszeit zu. Langenthal: »Totenflecke sind blaurote bis blauviolette, bei Tod durch Kälte oder Atemgifte auch hellrote Flecken, die sich an der Haut bilden. Nach dem Herzstillstand sinkt das flüssige Blut durch die Schwerkraft in die Blutgefäße jener Körperregionen, die am tiefsten zu liegen kommen. Totenflecke treten 20 bis 30 Minuten nach Todeseintritt erstmals auf, nach sechs bis zwölf Stunden sind sie komplett ausgebildet. Eine gewisse Zeit lang sind sie ›wegdrückbar‹, wie wir in der Rechtsmedizin sagen. Das heißt, sie verschwinden, nachdem man kräftig mit dem Finger oder einem Messerrücken auf die entsprechenden Hautstellen gedrückt hat.«

Im Fall von Marianne Gratkohl ließen die Totenflecke sich nicht mehr wegdrücken. Und das bedeutete, dass der Tod der Frau vor mindestens 30 Stunden eingetreten war. Gemeinsam mit den anderen Ergebnissen seiner Untersuchungen kam Doktor Langenthal zu dem Schluss, dass Marianne Gratkohl etwa 36 Stunden vor ihrem Auffinden gestorben war.

»Da haben wir gleich gewusst: Es stimmt etwas nicht«, erzählt Kriminalhauptkommissar Ludwig Pernauer. »Der Ehemann hat ja behauptet, dass er seine Frau am Mittwoch in der Früh zum Hauptbahnhof gebracht hat. Das war schlicht unmöglich, wenn sie bereits am Dienstagabend tot war.«

Bei seiner ersten Einvernahme beharrte Gernot Gratkohl jedoch auf seiner ursprünglichen Version.

Die Obduktion strafte seine Behauptung Lügen. »Das Gesicht der Toten war aufgedunsen und blau verfärbt«, sagt Rechtsmediziner Langenthal. »In den Augenlidern und Bindehäuten zeigten sich punktförmige Blutungen, und am Hals und im Nacken gab es fleckförmige, bläuliche Hautveränderungen – charakteristische Würgemale.«

Ein Fremdverschulden war nun eindeutig erwiesen, denn es ist nicht möglich, sich selbst zu erwürgen, weil man mit beginnender Bewusstlosigkeit den Würgegriff automatisch lockert. Marianne hatte nicht, wie ihr Mann die Freundin und die Polizei zuerst glauben machen wollte, Selbstmord begangen. Sie wurde getötet.

Gernot stellte jeden Zusammenhang mit der Tat in Abrede. Der Rechtsmediziner müsse sich irren, insistierte er und verlangte einen anderen Gutachter. Er, Gernot, hätte Marianne am Mittwoch in der Früh am Bahnhof abgesetzt. Hundertprozentig. Irgendjemand müsse sie danach auf die Autobahn verschleppt und auf dem Parkplatz erwürgt haben. Vielleicht der Lkw-Fahrer?

An ein Sexualverbrechen hatten die Ermittler auch schon gedacht. Fehlanzeige. Marianne war nicht vergewaltigt worden. Der Rechtsmediziner aber fand andere Beweise – Beweise für die Schuld des Ehemannes. »Häufig zeigen sich bei Erwürgten halbmondförmige, bräunliche Hautvertrocknungen am Hals«, sagt Doktor Langenthal. »Das sind Fingernagelabdrücke, und in nicht wenigen Fällen ist hier DNA des Täters feststellbar.«

Der Experte erklärt, wie diese Spuren gesichert werden: »Man feuchtet Filterpapier mit Leitungswasser an und drückt es vorsichtig auf die relevanten Stellen. Dann lässt man das Papier trocknen oder friert es ein.«

Zusätzlich zu den Spuren am Hals kann man Täter-DNA auch unter den Fingernägeln des Opfers finden. »Dies rührt daher, dass das Opfer sich wehrt und den Täter kratzt. Dabei brauchen dem Täter gar keine sichtbaren Verletzungen zugefügt werden, es genügen bereits wenige Hautschuppen.«

Da für die Aufklärung von Tötungsdelikten auch Fasern eine

große Rolle spielen, werden nur einige der abgeschnittenen Fingernägel in das DNA-Labor geschickt, die anderen Nägel kommen ins Faserlabor. Üblicherweise erhält jedes Labor die Nägel eins, drei und fünf der einen Hand sowie die Nägel zwei und vier der anderen Hand.

An Marianne Gratkohls linker Hand fehlte der Nagel des Ringfingers. Er war abgebrochen. Die Kripo-Beamten fanden ihn später bei der Durchsuchung des Reihenhauses im Staubsaugerbeutel.

Bei der Obduktion aber entdeckte Rechtsmediziner Bernhard Langenthal DNA-Spuren des Ehemannes an Mariannes Hals: Gernot selbst hatte seine Frau erwürgt.

Im Affekt, wie er beteuerte, als die Kriminalisten ihn mit dem eindeutigen Ergebnis konfrontierten. Unter dem Druck der Beweislast kam Gernot nun von seiner anfänglichen Behauptung ab, er hätte Marianne am Mittwochmorgen zum Bahnhof gebracht. Auch hatte eine Nachbarin ihn am späten Dienstagnachmittag gemeinsam mit Marianne wegfahren sehen. Am Mittwochmorgen aber hatte die Frau lediglich Gratkohls vor dem Haus geparktes Auto bemerkt.

»Wir wollten uns Möbel kaufen«, gab Gernot zu den Geschehnissen am Dienstag an. »Schon im Geschäft haben wir zu streiten angefangen, und der Streit ist dann im Wagen immer heftiger geworden.«

»Welche Möbel? Welches Geschäft?«, fragte Fahnder Ludwig Pernauer nach.

Die Angaben, die er erhielt, klangen ihm zu vorgefertigt.

»Wir waren dann noch essen«, fuhr Gratkohl fort. »Marianne hat auf der Heimfahrt aufs Klo müssen. Sie hat immer beim Autofahren aufs Klo müssen. Darüber hab' ich mich aufgeregt. Wir haben beide vor Wut gekocht, haben uns angeschrieen. Ich hab' dann am Parkplatz angehalten und sie noch, bevor sie aussteigen konnte, am Hals gepackt. Ich war wie betäubt vor Wut, ich hab' einfach nicht loslassen können. Sie hat geröchelt, und irgendwann war sie dann still. Da bin ich in Panik geraten. Ich hab' noch zu mir gesagt: Du musst jetzt die Rettung alarmieren. Davon bin ich aber wieder abgekommen, denn sie hat nicht mehr geatmet, und Pulsschlag konnte ich auch keinen mehr fühlen. Es war schon dämmrig. Der Parkplatz war leer. Da hab' ich sie aus dem Auto geworfen.«

Pernauer ließ sich genau schildern, wie Gratkohl seine tote Frau angeblich aus dem Auto »geworfen« hat.

»Na ja, geworfen hab' ich sie eigentlich nicht. Ich bin aus dem Auto ausgestiegen, auf die Beifahrerseite gegangen und hab' die Tür aufgemacht. Dann hab' ich ihr unter die Arme gegriffen und sie herausgezogen.«

Pernauer glaubte Gratkohls Darstellung nicht. »Wenn er sich wirklich auf diese Art aus dem Wagen herausgezogen hätte, wie er behauptete, dann hätten wir irgendwelche Hinweise dafür finden müssen: Schleifspuren im Gras, das nicht frisch gemäht, sondern etwas höher gewesen ist, oder Spuren an ihren Schuhen. Sie hat nagelneue weiße Schürschuhe aus einem leinenartigen Material angehabt – da war kein einziger schwarzer Streifen oder grüner Fleck drauf.«

Pernauer war ebenfalls davon überzeugt, dass es keinen Möbelkauf und keinen Streit im Geschäft gab. »Wir haben die Angestellten des Einrichtungshauses befragt. Sie konnten sich vage an Gratkohl erinnern. Am fraglichen Dienstag hatten sie ihn und seine Frau aber nicht gesehen.«

Der Kripo-Mann kannte die Biografie des Realschullehrers bereits. Er wusste auch, dass dessen Sohn bei einem tragischen Autounfall ums Leben gekommen war. Nun zog Pernauer genauere Erkundungen zu den Umständen dieses Unfalls ein. »Mir war klar, dass Gratkohl einen schwierigen Charakter hatte«, erinnert er sich. »Der Unfall war eine schreckliche Sache. Wir wussten von Zeugenbefragungen, dass die Frau den Tod des Kindes aktiv verarbeitet hat. Gratkohl dagegen hat seine Trauer nie nach außen hin gezeigt. Er hat seine Frau insgeheim für den Tod des Sohnes verantwortlich gemacht. Es muss sich mit den Jahren ein irrsinniger Hass in ihm aufgestaut haben.«

Nachdem Pernauer und seine Kollegen durch die Vernehmungen auf das Tatmotiv gestoßen waren, spürten sie bei der Hausdurchsuchung ein weiteres belastendes Indiz auf. Ein Indiz, das Pernauers Vermutungen bestätigte: Mariannes Tagebuch. Es brachte das wahre Grauen ans Licht.

Am 4. April schrieb Marianne Folgendes auf: Mir ist es schon so gut gegangen, aber jetzt bin ich wieder vollkommen fertig. Ich hab' ja schon lange geahnt, dass Gernot mir die Schuld gibt, dass Wolfgang gestorben ist. Ich hab' sie mir, weiß Gott, oft genug selber gegeben. Früher hab' ich Gernots Bemerkungen beim Autofahren wie »Du siehst so schlecht in der Dämmerung!« oder »Du hast eine langsame Reaktion!« hingenommen. Heute, als ich beim Einparken vor der Schule einen zweiten Anlauf gebraucht hab', hat Gernot gesagt: »Du kannst es einfach nicht. Oder würde Wolfgang sonst im Grab liegen?« Es war fürchterlich! Ich hab' gezittert und geweint und konnte nicht unterrichten. Dabei hab' ich gedacht, dass ich es nun endlich schaffe, wieder Auto zu fahren. Jetzt weiß ich: Ich werde mich nie wieder ans Steuer setzen!

Die Eintragungen vom 27. Mai betrafen Mariannes körperliches Befinden: Seit gestern fühle ich mich so schlecht. Ich weiß gar nicht, was ich habe. O ja, schon – so ein komisches Gefühl im Mund. Meine Zehen am rechten Fuß sind ganz taub, am linken fängt es auch schon an. Meine Finger stechen, wie wenn ich sie in einen Ameisenhaufen halten würde. Ich kann gar nicht ordentlich schreiben.

Die Schrift sieht sehr zittrig aus.

Und dann diese Bauchschmerzen, die immer kommen und gehen. Wie extrem starke Wehen. Wenn ich mich nur erinnern könnte, was mir damals die Hebamme gesagt hat! Langsam bis vier zählen beim Ausatmen, glaub' ich. Aber ich schaff 's nicht. Ich glaub', ich muss schon wieder aufs Klo rennen. Schon seit der Früh ist mir so schlecht, dabei hab' ich nur einen Löffel Erdbeerjogurt gegessen. Es hat grauslich geschmeckt, bestimmt war es verdorben.

27. Mai, abends: Ich bin bei Doktor Graf gewesen. Die Sprechstundenhilfe hat mich gleich drangenommen, weil sie gesehen hat, dass ich mich vor Schmerzen krümme. Ich hab' Doktor Graf alles erzählt. Das mit dem Taubheitsgefühl und auch das mit dem Eiswasser. Dass ich glaube, es fließt nicht Blut durch meine Adern,

sondern Eiswasser. Er hat die Rettung gerufen. Jetzt liege ich auf der Intensivstation. Gernot ist gerade nach Hause gegangen. Er war ganz außer sich vor Sorgen. Aber ich hab' gesagt, er soll sich schlafen legen. Er kann ja doch nichts tun.

28. Mai: Sie haben mich an ein EKG-Gerät angeschlossen und Herzrhythmusstörungen festgestellt. Mir tut noch immer alles unerträglich weh. Ich muss Beruhigungsmittel und Aktivkohle schlucken. Die Ärztin hat gesagt, dass es gut war, dass ich gestern erbrochen hab'. Sie meint, ich bin überm Berg. Sie kann sich das Ganze aber nicht erklären. Deswegen hat sie eine Blut- und eine Urinprobe ins Labor geschickt.

Das Labor war das Institut für Rechtsmedizin der Universität München. Toxikologe Professor Maximilian Hochreiter erinnert sich an seine Untersuchungen: »Wir haben damals ein Drogen-Screening von Blut und Harn der Frau gemacht. Die Kollegen im Klinikum schlossen eine Vergiftung nicht aus und wollten sicher gehen. Die Proben waren aber auch aus unserer Sicht völlig in Ordnung. Wir konnten leider kein Gift nachweisen.«

Später, im Zuge der Morduntersuchung, kam Professor Hochreiter zur Nachschau in den Garten der Gratkohls. »Es war wie eine Offenbarung für mich. So viel Eisenhut hab' ich noch nie gesehen. Links und rechts in diesem ›Handtuch‹ war praktisch alles voll davon.«

Die Kripo-Beamten zeigten Hochreiter Mariannes Tagebuch. »Als ich ihre Schilderungen der Symptome gelesen habe, stand für mich fest: Jemand hat ihr Aconitin verabreicht. Mit an Sicherheit grenzender Wahrscheinlichkeit im Erdbeerjogurt. Und dafür kam wohl am ehesten ihr Mann in Frage. Es passte alles genau: das Taubheitsgefühl, das Ameisenkribbeln, die starken Schmerzen, das Gefühl von Eiswasser in den Adern – wie 's im Lehrbuch steht. Solche Symptome bekommt man nicht von verdorbenem Jogurt.«

Allerdings sah der Toxikologe sich nun mit einem gravierenden Problem konfrontiert: Er hatte die Proben von Marianne Gratkohl nach dem Drogen-Screening im Mai entsorgt. »Damals gab es noch keine Vorschrift, dass man das Analysematerial eine Zeit lang aufbewahren muss. Und das Gift nach mehr als sechs Wochen noch in der Leiche nachzuweisen, war unmöglich. Generell ist der Nachweis von Eisenhut-Alkaloiden sehr, sehr schwierig, weil die Mengen so gering sind. Heute stehen uns aber wesentlich feinere Untersuchungsmethoden zur Verfügung.«

Hochreiter erläutert, wie ein solches Drogen-Screening funktioniert: »Dazu verwendet man chromatografische Verfahren. Das sind analytische Methoden zur Trennung von Stoffen, die chemisch ähnlich und daher oft sehr schwer zu trennen sind.«

Wörtlich aus dem Griechischen übersetzt bedeutet Chromatografie »farbiges Schreiben«. Begonnen hat alles im Jahr 1906, als der russische Botaniker Michail Tswett grüne Blätter mit Benzin extrahierte, die Lösung durch eine Säule aus zerstoßenem Calciumcarbonat fließen ließ und dabei die getrennten Blattfarbstoffe als grüne und gelbe Streifen erhielt. Auf Grund ihrer unterschiedlichen Größe und Affinität wanderten die Farbstoffmoleküle verschieden schnell durch das Calciumcarbonat und »schrieben« ihr Vorhandensein auf die Säule.

In den 40er- und 50er-Jahren des 20. Jahrhunderts wurden weitere chromatografische Verfahren entwickelt: Dünnschicht-, Papier-, Flüssigkeits- und Gaschromatografie. Alle diese Methoden sind in der modernen Stoffanalytik unentbehrlich. Längst ist man nicht mehr auf die Farbigkeit der getrennten Substanzen angewiesen, sondern macht sie beispielsweise durch Betrachten im UV-Licht oder Besprühen mit bestimmten Reagenzien sichtbar.

Untersuchungen von Kraftstoffen etwa oder Rückstandskontrollen in Lebensmitteln und Getränken sind Anwendungen chromatografischer Verfahren. Durch Tintenanalyse können historische Dokumente datiert und Fälschungsdelikte aufgedeckt werden. In der Kriminalistik können auch beschlagnahmte Sprengstoffe und Munition untersucht sowie Nitroglycerin in Schmauchspuren, die abgefeuerte Schusswaffen auf der Haut von Verdächtigen hinterlassen, nachgewiesen werden. Und bei der Auswertung von Doping- und Drogentests kommt chromatografischen Methoden ebenfalls praktische Bedeutung zu.

Professor Maximilian Hochreiter: »Wir an der Rechtsmedizin München verwenden die Hochdruck-Flüssigkeitschromatografie.

Dafür wird die zu untersuchende Substanz auf zwei Extraktionssäulen aufgebracht. Diese Säulen sind sehr dünn – 0,2 bis 0,4 Millimeter im Durchmesser –, bis zu 50 Meter lang und im Gerät zu einer Spirale gebogen. Sie bestehen aus Kieselgel und sind mit einer nicht extrahierbaren stationären Phase überzogen.«

Zwischen der stationären und der mobilen Phase, dem so genannten Laufmittel, stellt sich ein Verteilungsgleichgewicht ein. Besser lösliche Substanzen werden langsamer, schlechter lösliche rascher durch die Säulen gepresst. Außerdem besitzt der Chromatograf einen Detektor. »Er registriert die Ankunft jeder Stoffkomponente am Ende der Chromatografiesäulen mit einem Signal – einem Peak. Aconitin, das Hauptgift des Eisenhutes, etwa wird 6,20 Minuten lang in der Säule zurückgehalten.«

Chromatogramm des Eisenhut-Extrakts: Peak 8 bei einer Retentionszeit von 6,20 Minuten zeigt den Gehalt von Aconitin an, die anderen Peaks entsprechen weiteren im Eisenhut enthaltenen Alkaloiden.

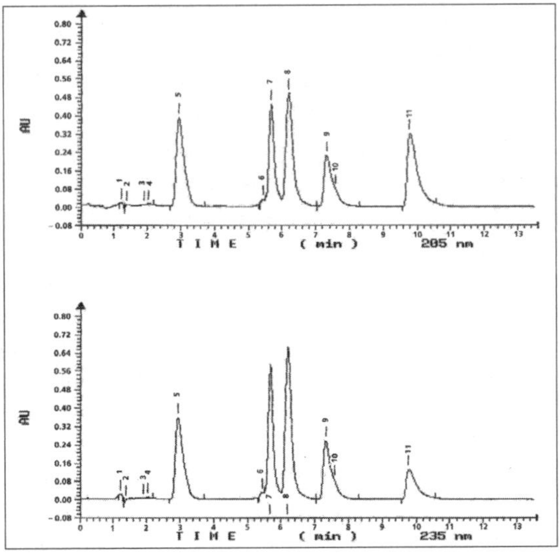

Anschließend nimmt der Apparat die UV-Spektren auf. Jede Substanz hat auf Grund ihrer molekularen Struktur ein ganz spezifisches Spektrum, vergleichbar mit einem Fingerabdruck. Allerdings enthält der Eisenhut noch zwei Nebenalkaloide, die dasselbe UV-Spektrum wie Aconitin ergeben.

»Das System läuft 20 Minuten lang vollmechanisch ab«, fährt Hochreiter fort. »Als Ergebnis liefert es ein Chromatogramm, das es mit einer Datenbank von mehreren hunderttausend Spektren vergleicht. Gibt es eine Übereinstimmung, ist die Substanz identifiziert.«

Was bedauerlicherweise im Fall von Mariannes Gratkohls Eisenhut-Vergiftung nicht gelang. »Die Aconitin-Dosis, die zu einer Vergiftung führt, ist, wie gesagt, äußerst gering. Die Wurzelknollen enthalten unterschiedliche Mengen des Toxins, und wenn man die Pflanze trocknet, nimmt ihre Giftwirkung ab, weil die Esterbindungen der enthaltenen Alkaloide sich durch Hydrolyse aufspalten. Daher sind auch in der Literatur die Angaben zur tödlichen Dosis von Aconitin variabel. Für einen Erwachsenen beträgt sie drei bis sechs Milligramm, was zwischen zwei und 15 Gramm Eisenhutwurzel entsprechen kann.«

In einem anderen Fall, der Professor Hochreiter erst vor kurzem beschäftigte, gelang es ihm, Eisenhut-Alkaloide sowohl im Harn der beiden Opfer als auch im Kaffeepulver, in das die Täterin Eisenhut-Wurzel gerieben hatte, nachzuweisen. Die Betroffenen, begüterte Eheleute, haben wie Marianne Gratkohl die Vergiftung überlebt.

Hochreiter weiß, wie heimtückisch Eisenhut-Gift ist: »Bei einer akuten Intoxikation tritt nach einer halben Stunde bis zu drei Stunden der Tod durch Atemlähmung oder Herzversagen ein. Der Betroffene ist bis zum Schluss bei vollem Bewusstsein und hat stärkste Schmerzen. Bei sehr hohen Dosen kann auch sofort Kammerflimmern ausgelöst werden, was in Sekundenschnelle zum Tod führt. Es gibt kein Gegengift.«

In mehreren Verhören brachte der Kripo-Beamte Ludwig Pernauer Gernot Gratkohl dazu, den wahren Tathergang zu gestehen. »Er hat es nicht ertragen, dass seine Frau sich mit dem Tod des Sohnes abgefunden hat«, sagt Pernauer. »Sie wollte sich scheiden lassen. Da ist er ausgerastet.«

Ein Nachbarskind hatte am späten Abend des 18. Juli den Streit im Schlafzimmer der Gratkohls wahrgenommen. Während dieser Auseinandersetzung erwürgte Gernot seine Frau im Bett. Anschließend beseitigte er die Spuren des Kampfes. Dabei kam auch der Staubsauger zum Einsatz, in dessen Beutel die Kriminalisten Mariannes abgebrochenen Fingernagel fanden.

Nach der Tat zog Gernot seiner Frau das Hauskleid aus und jene Kleidungsstücke an, die sie sich für den nächsten Tag zurechtgelegt hatte. Er lud die Leiche in den Kofferraum seines Wagens und »entsorgte« sie auf dem Autobahn-Parkplatz, indem er sie auf beiden Armen trug. Die Spurensicherer fanden die entsprechenden Indizien im Pkw: Die Leiche Mariannes hatte im Kofferraum gelegen. Außerdem entdeckten die Kripo-Beamten im Handschuhfach ein Giftkunde-Buch mit einer Anhäufung von Gernots Fingerabdrücken auf jener Seite, die den Eisenhut beschrieb.

»Was die Vergiftung anbelangt, überzeugten die Beweise das Gericht nicht«, stellt Toxikologe Maximilian Hochreiter enttäuscht fest. »Weder die Fingerabdrücke im Giftkunde-Buch des Mannes noch das Tagebuch der Frau, in dem sie die Symptome schildert.«

Gernot Gratkohl wurde wegen Totschlags zu sieben Jahren Haft verurteilt. Längst ist er wieder in Freiheit. Mit seiner Vorstrafe darf er den Lehrberuf allerdings nicht mehr ausüben. In seinem Haus wurde kein einziger Behälter mit Giftpflanzen-Essenzen gefunden – auch nicht im Keller.

»Es waren aber die Geräte vorhanden, die man zur Herstellung von Extrakten braucht«, erinnert sich Hochreiter. »In einem versperrten Walnussholz-Schrank, ein schönes altes Stück, standen Flaschen mit Terpentin, Unkrautvernichter und Ähnlichem. Wäre ich ein Giftmischer, hätte ich den Eisenhut-Auszug dort aufbewahrt. Ich tippe darauf, dass Gratkohl genau das getan hat. Und dass ihm, nachdem seine Frau den Vergiftungsversuch überlebt hat, die Sache zu heiß geworden ist und er alles weggeworfen hat. Aber das ist natürlich nur meine persönliche Vermutung, ein Faktum ist es nicht.«

Nichtsdestotrotz ist wie Professor Hochreiter auch Kripo-Mann Ludwig Pernauer überzeugt: »Es war kein Totschlag, nicht bloß ein Erwürgen im Affekt. Es war ein Mord in zwei Etappen.«

Nachtrag I

Dass in der jüngeren Kriminalgeschichte Bayerns alle paar Jahre ein Mord oder Mordversuch mit Eisenhut vorkommt, mag am Verbreitungsgebiet der Pflanze liegen. Ihre Wildform wächst in den Alpen und Mittelgebirgen und steht unter Naturschutz. Doch auch aus Wien ist der Fall einer Eisenhut-Vergiftung bekannt:

Vor zirka 20 Jahren bekam der Eigentümer eines österreichischen Industriebetriebs per Post eine Flasche Calvados. Ein anonymer Absender hatte ihm den edlen Apfelbranntwein geschickt. Misstrauisch geworden, übergab der Industrielle das Geschenk seinem Bekannten Roland Baumgartner, damals Professor für forensische Chemie am Wiener Institut für Gerichtsmedizin, mit der Bitte um chemische Analyse.

Baumgartner konnte bei seinen Untersuchungen keinen gefährlichen Inhaltsstoff feststellen, war sich jedoch als seriöser Toxikologe darüber im Klaren, dass er ein endgültiges Ergebnis erst nach einem biologischen Versuch bekannt geben darf. Normalerweise wird für einen solchen Versuch einer Labormaus etwas wässriger Extrakt der Substanz in die Bauchhöhle injiziert und anschließend beobachtet, ob das Tier Schaden leidet. Baumgartner aber standen just zu dieser Zeit keine Mäuse zur Verfügung. Da er den Resultaten seiner Analyse vertraute, machte er kurzerhand einen Selbstversuch: Er schenkte sich etwas Calvados in ein Glas und kostete.

Gott sei Dank behielt er den Schnaps nur kurze Zeit im Mund. In Bruchteilen von Sekunden nahm Baumgartner brennende Schmerzen und ein gleichzeitig einsetzendes Gefühl von Taubheit am Gaumen und an der Zunge wahr. *Anaesthesia dolorosa* nennen Mediziner dieses Phänomen, das typisch für eine Eisenhut-

Vergiftung ist. Bei Baumgartner stellte sich rasch ein Würgereflex ein – er spuckte den Schnaps umgehend wieder aus. Dennoch musste er sich einen Tag lang der Beobachtung der Symptome auf einer Intensivstation unterziehen. Aconitin war durch die Mundschleimhäute in seinen Körper gelangt.

Die folgenden Ermittlungen der Staatsanwaltschaft blieben ergebnislos. Etwa ein halbes Jahr nach Baumgartners Vergiftung erhängte sich der Prokurist des Industriebetriebs. Die Vermutung lag nahe, dass dieser Mann wegen finanzieller Streitigkeiten dem Eigentümer nach dem Leben getrachtet hatte. Höchstwahrscheinlich war er es gewesen, der Eisenhut-Extrakt mit einer Injektionsspritze durch den Korken in den Calvados einbrachte und die Flasche an seinen Chef sandte.

Nachtrag II

Die nachstehende Geschichte ist mündlich überliefert. Es konnte nicht eruiert werden, aus welchem deutschen Institut für Rechtsmedizin sie stammt. Sollte sie sich nicht in dieser Weise zugetragen haben, ist sie trotzdem erzählenswert, denn sie handelt von einer kleinen, aber verbreiteten menschlichen Schwäche: Nehmen wir an, Sie bekommen von Ihrer Tante mütterlicherseits eine Flasche Eierlikör. Sie hassen Eierlikör und lassen ihn im Schrank verschwinden. Da lädt Sie unverhofft Ihr Onkel väterlicherseits zu einem Besuch ein, Sie brauchen rasch ein Geschenk und kramen den Eierlikör hervor. Doch auch Ihr Onkel trinkt nichts Schwächeres als Whisky. Also schenkt der Onkel den Likör seiner Tochter. Die Tochter schenkt ihn der Freundin, die Freundin der Nichte, die Nichte der Cousine und so fort. – Vorsicht! Eine solche Verkettung kann tödlich enden.

Im gegenständlichen Fall war es Kognak, der einem arglosen Mann zum Verhängnis wurde. Der Mann suchte seinen Steuerberater auf. Dieser empfing ihn in seinem Büro, öffnete seine Bar und bot dem Gast einen Drink an. Der Mann sah eine Flasche alten Kognak, die original verschlossen war – genau davon wollte er. Der Steuerberater schenkte seinem Klienten großzügig ein. Daraufhin leerte der Mann sein Glas in einem Zug und brach wenige Minuten später bewusstlos zusammen.

Aufgeregt schreiend befahl der Steuerberater seiner Sekretärin, die Rettung zu rufen. Er selbst führte bis zu deren Eintreffen Beatmung und Herzmassage durch. Zwecklos. Der Mann war bereits tot – vergiftet mit im Kognak enthaltenen Eisenhut-Extrakt.

Verständlicherweise beschuldigte die Polizei nun den Steuerberater, doch der hatte die Flasche geschenkt bekommen.

Von wem? Von einem Freund, einem Rechtsanwalt.

Die Polizei fuhr zum Rechtsanwalt.

Ja, gestand der ein, er habe dem Steuerberater den Kognak geschenkt. »Aber ich hab' ihn selber geschenkt bekommen!«

Von wem? Von einer Bekannten, einer Medizinerin.

Die Ärztin, völlig perplex, dass die Polizei ins Krankenhaus stürmte und sie des Mordes verdächtigte, sagte, sie habe dem Rechtsanwalt den Kognak zwar geschenkt, die Flasche aber selbst geschenkt bekommen.

Von wem? Von einem Patienten.

Der Patient wiederum wollte sich desselben Kniffes bedienen: selber geschenkt bekommen …

Die Polizisten waren schlauer. Endlich waren sie an den Richtigen geraten. Sie fanden im Keller zwei weitere mit Eisenhut präparierte Kognak-Flaschen. Der Mann hatte die Ärzte im Krankenhaus für sein Leiden verantwortlich gemacht und offenbar vorgehabt, einen Mediziner nach dem anderen zu vergiften. Mit der menschlichen Schwäche, unliebsame Geschenke weiterzuschenken, hatte der Mörder nicht gerechnet oder, noch perfider, sie bewusst einkalkuliert. Auf diese Weise hatte er einem gänzlich Unbeteiligten das Leben genommen.

DIE KARRIERE EINES GEWALTTÄTERS
oder
Ein Fingernagel überführt den Mörder

Haben Sie schon von EuGeT gehört? Die »Europäische Gesellschaft Gewaltberatung Tätertherapie« mit Sitz im nordrheinwestfälischen Detmold hat es sich zur Aufgabe gemacht, ein europaweites Angebot einer Telefon-Hotline für Gewalttäter zu schaffen. Diese »schlagkräftigen« Menschen, amtlichen Statistiken zufolge fast ausschließlich Männer, sollen dazu bewogen werden, professionelle Hilfe in Anspruch zu nehmen. Nicht die Opfer sollen sich einer Psychotherapie unterziehen, sondern die Täter – ganz nach dem Grundsatz »Täterarbeit ist Opferschutz«.

Die Idee dahinter: Auf Grund jahrelanger Traumatisierung sind Opfer häuslicher Gewalt oft nicht in der Lage, den Gewaltkreislauf aus eigener Kraft zu beenden. Sie kehren zurück und erleiden weiter Gewalt. Gelingt es den Opfern und ihren Kindern auszubrechen, wird der Täter höchstwahrscheinlich seiner nächsten Partnerin und deren Kindern wieder Gewalt antun. Die Strategie von EuGeT ist es, die Täter zu erreichen und sie ihrerseits zur Beendigung ihrer Gewalttätigkeit zu bewegen. Denn nur die Täter selbst können weitere Gewalt verhindern. So weit die Entwicklung in jüngerer Zeit.

Als Ottmar Schüssling die Mitglieder seiner Familie tyrannisierte, gab es EuGeT noch nicht. Sitzt man dem 58-Jährigen, der in wenigen Wochen aus der Haft entlassen werden soll, gegenüber, würde man ihm keine Gewaltexzesse zutrauen. Der schlanke Gesichtsschnitt, der schwermütige Zug um den Mund und das blonde, gekräuselte Haar lassen den Mann beinahe sanftmütig wirken. Auch seine dunkelbraunen Augen haben ihren ehemals stechenden Blick verloren. Auf den 14 Jahre alten Fotos in der Verbrecherkartei ist dieser Blick noch zu sehen. Er verrät ein brodelndes Innenleben, das beim kleinsten Ärgernis überzukochen droht. Im Grunde sei er kein schlechter Mensch, sagt Schüssling von sich. Wenn da nicht seine Hormone wären, oder treffender: gewesen wären. Das Adrenalin habe ihn früher ganz schön geplagt. Eine Zeit lang – Tage, Wochen, manchmal Monate – hat er seine Aggressionen in Schimpfkanonaden oder Drohgebärden entladen können. »Aber irgendwann hat das nicht mehr genügt. Dann musste ich zuschlagen.«

Musste?

»Das war, wie wenn sich ein Schalter umlegt. – Klack. Ich hatte es dann nicht mehr unter Kontrolle.«

Aber den Schalter, den hat er doch selbst umgelegt. Wer sonst, wenn nicht er?

»Ja, eh. Aber – das war ein anderer Teil von mir.«

Hinterher hätte es ihm jedes Mal Leid getan. Und ja: Wenn es damals schon eine Hotline für Gewalttäter gegeben hätte, vielleicht hätte er sogar dort angerufen.

Dennoch – »Die Franziska hat es wirklich zu bunt getrieben. Ihren Hundsviechern hat sie alles erlaubt. Die sind sogar auf dem Küchentisch gesessen. Dabei waren sie nicht einmal stubenrein!«

Ein Umstand, den Franziska mit dem Leben bezahlte. Und ihre drei Hunde ebenso.

Schon in der Kindheit sei er kein Waserl* gewesen, erzählt Schüssling. In der Volks- und Hauptschule gab es Raufereien am laufenden Band. »Ich war halt in der körperlichen Entwicklung immer den anderen voraus.«

Ein Grund, ihnen ihre Hänseleien mit Schlägen zu vergelten?

»Bei uns zuhause hat es geheißen: Nur die Starken setzen sich durch.«

»Das ist etwas, was wir immer wieder bei Gewalttätern feststellen«, kommentiert Psychologe Dieter Wolfhut die Wurzel des Übels. »Viele sind in gewaltbereiten Verhältnissen aufgewachsen und haben von ihren Bezugspersonen keine intelligenten und gewaltfreien Strategien zur Problemlösung gelernt.«

Nach seiner schwierigen Schulzeit wurde Ottmar Schüssling zum Dachdecker ausgebildet. Während des Präsenzdienstes* lernte er seine erste Frau Sieglinde kennen. Als er sie heiratete, schien zunächst alles friedlich. Sie schufen sich gemeinsam ein Einfamilienhaus und bekamen zwei Töchter. Doch nach der anfänglich glücklichen Phase stellten sich wie in vielen Ehen Abnutzungserscheinungen ein.

»Sie hat mir ständig Vorhaltungen gemacht, weil ich gerne abends noch ins Wirtshaus gegangen bin. Ich wollte einfach Ruhe von ihr und mit meinen Kameraden ein oder zwei Bier trinken«, sagt Schüssling über seine damalige Frau. Ihre Vorwürfe ließ er nicht auf sich sitzen. Die Schreiduelle, die er sich mit ihr lieferte, arteten in Handgreiflichkeiten aus. Dreimal schlug er Sieglinde krankenhausreif.

Psychologe Wolfhut: »Gewalttäter instrumentalisieren Gewalt. Sie wenden sie an, um ein bestimmtes Ziel zu erreichen. Ottmar Schüsslings Ziel war es, seine Frau zum Schweigen zu bringen. Hat der Täter sein Opfer stark genug eingeschüchtert und kommt ungeschoren davon, setzt in seinem Unterbewusstsein ein Lernprozess ein. Das funktioniert in etwa so: ›Aha, es hat geklappt. Das Schlagen, Treten und Würgen hat sie zum Schweigen gebracht. Ich kann damit weitermachen.‹ Das heißt: Wehrt sich das Opfer nicht, ist das für den Täter ein Erfolg, der ihn zur neuerlichen Gewaltausübung ermutigt.«

Oft genug lässt das Opfer sich von den anschließenden Beschwichtigungen des Täters beeindrucken. »Der Mann ist dann besonders aufmerksam, bringt Geschenke, Blumen, Schmuck etc. und schmeichelt der Frau mit Worten. Es ist seine Strategie, den Status quo aufrecht zu erhalten. Außerdem plagt ihn ja das schlechte Gewissen«, skizziert Wolfhut von Gewalt geprägte Beziehungen.

Auch Sieglinde schaffte es erst spät und nur mit Hilfe anderer Menschen, sich aus der Ehe mit Ottmar Schüssling zu lösen. Ihre beiden Töchter waren schon im Teenageralter. Eine von ihnen hatte eine Stelle als Verkäuferin in einem Supermarkt angetreten. Auf dringenden Rat der Ärzte, die sie während ihrer Krankenhaus-Aufenthalte behandelt hatten, erstattete Sieglinde Anzeige gegen ihren Mann.

Schüssling ging aus dieser Ehe mit drei Vorstrafen wegen Gewalttätigkeiten und gefährlichen Drohungen zum Nachteil seiner Ex-Frau hervor – und mit 30 000 Euro Abfindung für seinen Anteil am Haus. Seine Frau und seine bereits verdienende Tochter mussten diese Entschädigungszahlung gemeinsam finanzieren. Sieglinde, die all die Jahre über nicht nur körperliche, sondern auch seelische Torturen erlitten hatte, erkrankte an Gebärmutterkrebs. Sie starb ein Jahr nach der Scheidung.

In der Zwischenzeit hatte Schüssling eine Wohnung gemietet. Allein kam er gar nicht gut zurecht. Die Hausarbeit sah er als Frauenpflicht an, und da er nun keine Frau mehr hatte, gab es niemanden, der das Waschen, Bügeln und Putzen für ihn erledigte. Es gab auch niemanden, der an den Abenden auf ihn wartete. Also traf Schüssling sich immer häufiger mit seinen Kameraden im Wirtshaus. Sein Alkoholkonsum stieg beträchtlich, was wiederum seinem Chef unangenehm auffiel. »Wo du dabei bist, gibt es nur Schwierigkeiten«, hielt er seinem Arbeiter vor. »Den Beruf eines Dachdeckers kann man im betrunkenen Zustand nicht ausüben.« Als Schüssling die Mahnungen des Chefs in den Wind schlug, kündigte dieser ihm.

»Damals hat es mir gar nichts ausgemacht, dass ich meine Hackn* verloren hab«, sagt Schüssling heute. »Im Gegenteil, ich war sogar froh. Mir ist sowieso alles auf die Nerven gegangen, außer dem Saufen mit meinen Spezis. Ich hab' ja das Arbeitslosengeld gehabt und meine Abfindung für das Haus.« – Geld, das Schüssling überwiegend für eines ausgab: noch mehr Alkohol.

Der Herzinfarkt, den er schließlich, 44-jährig, erlitt, rettete ihn vor der gänzlichen Verwahrlosung.

»Ich bin ins Krankenhaus gekommen und einige Wochen dort geblieben«, erzählt Ottmar Schüssling. »Kurz vor meiner Entlassung wurde die Franziska aufgenommen. Wir haben uns ganz gut verstanden, sind schnell ins Gespräch gekommen. Wir hatten ja recht ähnliche Zores*.« Das war im April.

Schüssling betont die vorerst rein freundschaftliche Natur der Beziehung. Franziska Sattler war verheiratet, zehn Jahre älter als er, ebenfalls arbeitslos und an einer alkoholbedingten Leberentzündung erkrankt. »Nach ihrer Entlassung aus dem Krankenhaus sind wir uns dann näher gekommen und intim geworden.«

Gegenüber ihrem Ehemann gab Sattler Ottmar Schüssling als ihren psychologischen Betreuer aus, mit dessen Unterstützung sie ihr Alkoholproblem in den Griff bekommen wollte. Diese Lüge aufrecht zu erhalten, war nicht lange nötig, denn Franziska ließ sich bald scheiden.

Sie war eine kleine, rundliche Frau, 1,55 Meter groß und 53 Kilogramm schwer, wie man aus dem späteren Obduktionsbericht erfahren kann. Das kurze, blonde Haar trug sie als Fransenfrisur, die ihre rötlichen, leicht aufgedunsenen Wangen umrahmte.

Nach Franziska Sattlers Scheidung wohnte das Paar vier Wochen lang in verschiedenen Pensionen. Dann hörten sie von dem kleinen Haus, das ein Bekannter, Ernst Zselbo, vermieten wollte, und zogen dort ein.

Einen weiteren Monat lang ging alles gut. Franziska und Ottmar vertrugen sich bis Mitte August. Schüssling sagt zum Auslöser der Querelen: »Ich hab' gemerkt, dass die Franziska wieder mehr Alkohol getrunken hat – vorwiegend Wein und Bier. Wenn sie betrunken war, ist sie immer unfair zu mir gewesen. Sie hat mich grundlos beschimpft und ist oft weggegangen, ohne zu sagen, wohin.«

Wohin ging sie? Diese Frage ließ dem eifersüchtigen Schüssling keine Ruhe. Sie drängte ihn, Franziska nachzustellen. Es traf ihn hart, als er dahinter kam, dass sie bei ihrem Ex-Mann war. Es machte ihn rasend.

»Meine Eifersucht war aber nicht der einzige Grund für unsere Auseinandersetzungen.« Schüssling führt Sattlers Hunde ins Treffen. Ein brauner Langhaardackel und ein schwarzer Cockerspaniel, sehr lieb, sehr verwöhnt, sehr verzogen. »Wir sind wegen der Hunde immer wieder aneinander geraten. Ich war der Meinung, dass die Franziska ihnen endlich Manieren beibringen sollte. Sie hat sie aber immer verteidigt und nur noch mehr abgeschmust. Die Hunde waren ihr ein und alles.«

War er auch auf die Tiere eifersüchtig?

»Ja.«

Allmählich staute sich Hass in Schüssling auf – Hass auf die Hunde und Hass auf die Frau, deren Verhalten nicht seinen Vorstellungen entsprach. Wenn Schüssling mit den Hunden allein war, reagierte er sich an ihnen ab. Er schlug sie und versuchte bei ihnen mit Gewalt das durchzusetzen, was seine Lebensgefährtin nicht durchzusetzen vermochte. Schon bald aber wurde auch Franziska zum Ziel seiner Angriffe. Ottmar Schüsslings Gewalttätigkeit erreichte einen neuerlichen Höhepunkt.

An einem Mittwochnachmittag im September erstattete Franziska Sattler folgende Anzeige:

»Seit zirka einem Monat habe ich mit meinem Lebensgefährten Ottmar Schüssling des Öfteren Streit. Immer wieder borgt er sich Geld von mir. Weil auch ich nicht so viel habe und er mir bereits 3500 Euro schuldet, verweigerte ich es, ihm Geld zu geben.

Gegen 20.30 Uhr gestern Abend kam es zu einer Auseinandersetzung. Ottmar beschimpfte mich mit den Worten ›Du Hure! Du alte Sau!‹ usw. Der Grund für seine Beschimpfungen war, dass ich den Abend mit einer Freundin in einem italienischen Restaurant verbrachte. Ich habe es Ottmar gegenüber aber vehement abgestritten, denn er glaubt, dass ich mich in diesem Lokal mit meinem geschiedenen Mann treffe. Mein Ex-Gatte war aber gar nicht dort.

Ich hielt mich nach dem Lokalbesuch mit meinem Lebensgefährten im Wohnzimmer unseres Hauses auf, und Ottmar sagte, dass ich da nicht mehr lebend herauskommen werde. Ich saß auf dem Sofa, und er kam immer wieder drohend auf mich zu. Ich meine damit, er hob mehrmals die Hand und machte Anstalten, mich zu ohrfeigen, was er aber vorerst nicht tat.

Plötzlich kam er zu mir und begann, mich am Hals zu würgen. Als ich zu schreien versuchte, hielt er mir mit aller Kraft den Mund zu und sagte: ›Du rufst nicht um Hilfe!‹ Ich hatte große Angst. Als er wieder von mir abließ, wollte ich weglaufen. Ich sagte ihm, dass ich die Hunde, die sich im Vorzimmer befanden, in den Garten lassen möchte. Er aber hinderte mich daran und ließ die Hunde selber hinaus.«

Später – Ottmar Schüssling hatte sich inzwischen etwas beruhigt – schlug Franziska ihm einen Kaffeehaus-Besuch vor. Doch im Café fing Schüssling wieder mit seinen Beschimpfungen an, und Franziska, die nun Schmerzen in Gesicht und Hals verspürte, suchte die Toilette auf. Auf dem Weg dorthin bat sie die Kellnerin, diese möge ihr das Telefon nachbringen. So gelang es Franziska, ein Taxi zu bestellen.

Als sie wieder von der Toilette zurückkam, wollte Schüssling auf sie zugehen. Doch der Lokalbesitzer hinderte ihn daran und warf ihn hinaus. Franziska fuhr mit dem Taxi nach Hause. Dort stellte sie erleichtert fest, dass Schüssling nicht da war. Auch einer der Hunde, der Cockerspaniel, war weg. Sie nahm die Autoschlüssel und fuhr den verbleibenden Hund, den Dackel, in ihrem Wagen zu ihrem Ex-Mann. Von dort fuhr sie ins Krankenhaus, wo man ihre Verletzungen im Halsbereich und die Blutergüsse in ihrem Gesicht behandelte. Franziska wurde für fünf Tage stationär in die Klinik aufgenommen.

Den Ausgang am Tag nach Schüsslings Angriff nutzte sie dazu, den Dackel zu versorgen, sich frische Kleidung zu holen und die Anzeige zu erstatten, die mit den Worten endet: »Ich möchte angeben, dass ich mich vor meinem Lebensgefährten fürchte. Auch gebe ich die Ermächtigung zur strafrechtlichen Verfolgung von Ottmar Schüssling.«

»Ja, es stimmt, Mitte September kam es zu einer tätlichen Auseinandersetzung zwischen mir und meiner Lebensgefährtin«, gab Ottmar Schüssling später zu Protokoll. »Ich habe sie mit meinen Händen gewürgt und ihr mit dem Umbringen gedroht. Ich habe das jedoch ohne ernsten Hintergedanken getan.«

Eine Schutzbehauptung, die er zu seiner Verteidigung vorbrachte? Angesichts des Schweregrades von Franziskas Verletzungen, ja.

Schüssling musste ebenfalls zugeben, was er am Abend seiner Aggressionshandlungen mit Franziskas Cockerspaniel angestellt hatte. Nachdem ihn der Kaffeehaus-Besitzer hinausgeworfen hatte, war er wutentbrannt nach Hause gelaufen. Dort schnappte er sich in seinem Zorn den Hund, zerrte ihn auf einen Feldweg, zog ihn an der Leine hoch und schlug seinen Kopf zweimal hart gegen den Asphalt. Anschließend warf er das leblose Tier auf einen angrenzenden Acker. »Die Leine und das Halsband habe ich dort gelassen. Meiner Lebensgefährtin habe ich dann erzählt, dass ihr Hund von einem Auto überfahren wurde.« Diese Aussage machte Schüssling bei seiner späteren Vernehmung.

Nach seinem angezeigten Gewaltausbruch aber bekam er tatsächlich Gelegenheit, wieder mit Franziska zu sprechen. Mehr noch – als sie aus dem Krankenhaus entlassen wurde, kehrte die Frau in das gemeinsam gemietete Haus zurück.

»Die körperlichen Wunden von Opfern häuslicher Gewalt heilen mit der Zeit«, sagt Psychologe Dieter Wolfhut. »Was die seelischen Verletzungen betrifft, so mischen sich positive Emotionen und – völlig unberechtigt – Schuldgefühle dazu. Das Opfer denkt an die Zeit zurück, in der die Beziehung glücklich war, und ist gerne bereit, den Beteuerungen des Täters zu glauben, dessen Gewaltausübung sei nur ein einmaliger Ausrutscher gewesen. Auch denkt das Opfer immer, es sei am Verhalten des Täters mitschuldig, es habe durch sein eigenes Verhalten die Tat möglich gemacht oder sogar ausgelöst. Der Täter nutzt das schamlos aus, um das Opfer noch stärker an sich zu binden.«

Ottmar Schüssling hatte es wieder einmal geschafft. Eine Woche nach dem Vorfall kaufte er Franziska einen neuen Hund, einen zotteligen kleinen Mischling. »Sie jammerte über den Tod des Spaniels und wollte unbedingt wieder einen zweiten Hund. Also kaufte ich ihr einen.« So einfach war das. Damit war die Versöhnung besiegelt. Franziska allerdings war drei Tage später tot.

Der Tag von Franziska Sattlers Ermordung begann mit der TV-Aufzeichnung eines Fußballspiels, die Schüssling sich am Vormittag ansah. Franziska erledigte unterdessen die Hausarbeit. Sie bügelte und kochte in der Küche. Nach dem Mittagessen fuhr das Paar in Franziskas Auto zum Krankenhaus, um einen ehemaligen Mitpatienten von Schüssling zu besuchen. Die beiden Hunde, der Mischling und der Dackel, kamen mit. Auf der Fahrt und im Krankenhaus winselten sie beharrlich.

Schüssling spülte seinen aufkeimenden Ärger mit zwei Flaschen Bier hinunter, während Franziska im Krankenhaus nur Kaffee trank. Auf der Heimfahrt kehrten sie in einem Heurigenlokal ein, wo beide viel Sturm* und Schnaps konsumierten. Nach dem Heurigen gingen sie noch in ein Kaffeehaus. Schüssling bestellte einen kleinen Braunen, Franziska zwei Seidel Bier. Gegen Mitternacht kamen sie schließlich zuhause an.

Und da ging der Streit los. Schüssling warf seiner Lebensgefährtin vor, sie hätte sich »angesoffen«. Franziska hielt dagegen, auch er hätte im Krankenhaus reichlich Bier »gebechert«. »Sie ist hysterisch geworden und hat gesagt, dass sie noch ein Bier will«, berichtet Schüssling. Woraufhin er in Rage geriet, »Jetzt reicht's!« schrie und Franziska mit beiden Händen am Oberkörper packte.

Die Szene spielte sich im Schlafzimmer ab. Ottmar Schüssling behauptete später, dass kein Licht im Haus brannte. Er warf Franziska rücklings aufs Bett und schlug auf sie ein. Sie schrie: »Hör auf! Hör auf!«

Doch Schüssling verprügelte sie weiter.

Franziska kreischte: »Ich will weg! Ich will noch ein Bier trinken gehen!«

Sie hatte noch die Schuhe an, und Schüssling zog sie ihr aus. Dabei gelang es Franziska, ihn im Gesicht zu kratzen – eine schwache Abwehrreaktion, denn der Kratzer war tags darauf nicht mehr an ihm zu bemerken.

Franziska begann nun laut zu schimpfen. »Trottel! Arschloch!«

Daraufhin versetzte Schüssling ihr einen so heftigen Faustschlag ins Gesicht, dass sie vom Bett auf den Fußboden stürzte. Doch sie hörte nicht zu schreien auf. Da kniete Schüssling sich auf sie und würgte sie so lange, bis kein Laut mehr aus ihrer Kehle drang. Dann zog er einen seiner Hauspantoffel aus und drosch mit ganzer Kraft auf Franziska ein.

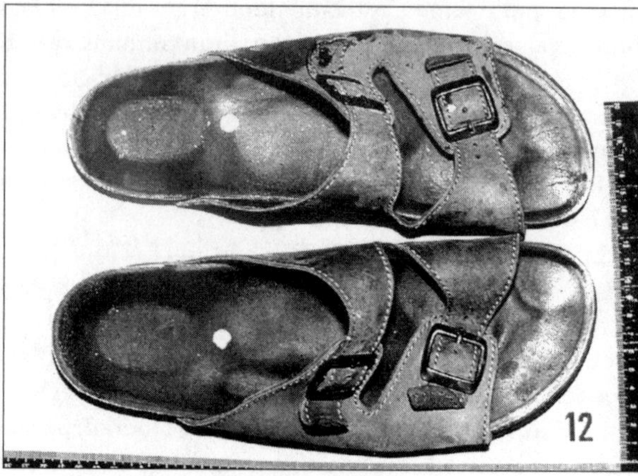

Hauspantoffeln als Tatwerkzeuge.

Als ihm auffiel, dass seine Hände voll Blut waren, ging er ins Bad, um sich zu waschen. Danach kam er ins Schlafzimmer zurück und schaltete das Licht ein, das vorher angeblich nicht gebrannt hatte. Laut eigener Angabe wurde Schüssling sich erst jetzt des Ausmaßes seiner Tat bewusst.

Franziska lag blutüberströmt da. Von ihrem Anblick angewidert, warf Schüssling rasch einen Teppichläufer auf sie. Danach schaltete er das Licht wieder aus und legte sich in das daneben stehende Doppelbett schlafen.

Gegen vier Uhr früh wachte er auf. Er machte Licht, sah unter den Teppichläufer und stellte fest, dass Franziska tot war. Er warf einen weiteren Teppich auf die Leiche und ging ins Vorzimmer. Dort packte er die beiden Hunde, den Mischling und den Dackel, und schleuderte sie in eine nicht angeschlossene, leere Tiefkühltruhe, die im Abstellraum stand. Ihm war klar, dass die Hunde darin qualvoll ersticken würden.

»Soweit ich mich an den Fall erinnere, verließ der Täter am Morgen nach dem Mord das Haus und fuhr mit dem Zug nach Linz«, sagt Gerichtsmedizinerin Marion Sankovich. »Dort nahm er für einen Tag Quartier in einer Pension und kehrte dann nach Hause zurück. Er sah ein wenig fern und fuhr schließlich wieder weg, diesmal mit dem Auto seiner Lebensgefährtin.«

Schüssling machte eine Zechtour durch diverse Gasthäuser und Heurigenlokale. Während seiner Abwesenheit kam der Vermieter Ernst Zselbo in das Haus, um nach dem Rechten zu sehen. Dabei entdeckte er die Leiche.

Am nächsten Vormittag führte Professor Sankovich die Obduktion in der Wiener Gerichtsmedizin durch. Das Protokoll ist eine zwei Seiten lange Auflistung der Verletzungen, die Ottmar Schüssling Franziska Sattler zufügte – angefangen mit Hämatomen an beiden Handrücken und Hautabschürfungen an den Armen, die Sankovich als Abwehrverletzungen deutete, bis hin zu Serienrippenbrüchen und einem Kapselriss der Leber. Außerdem Brüche des Ober- und Unterkiefers sowie des Joch- und Nasenbeins, Rissquetschwunden an den Ohren und Durchlöcherung der Unterlippe, um nur einige Beispiele zu nennen.

»Der Täter ging äußerst brutal vor«, stellt Sankovich fest. »Er behauptete bei seiner Vernehmung, dass er nicht mit Tötungsvorsatz gehandelt hätte. Aber das war angesichts des Schweregrades und der Anzahl der Verletzungen unglaubwürdig.«

Als Todesursache konstatierte die Gerichtsmedizinerin massive Würgeangriffe gegen den Hals. »Alle typischen Anzeichen für einen Tod durch Erwürgen waren an Franziska Sattlers Leichnam zu erkennen. Die Unterblutungen der Muskulatur am Hals und im Nacken, der Bruch des Zungenbeins und des Ringknorpels, die Ekchymosen – kleine, punktförmige Blutungen in beiden Augenlidern.«

Schüssling kam noch einmal zum Haus zurück, sah aber aus der Ferne die Gendarmerie-Autos und kehrte wieder um. Wenig später war die Fahndung nach ihm erfolgreich. Er wurde in einem Weinlokal aufgegriffen. Bei sich trug er Franziskas Führerschein, ihren Reisepass, ihre Autoschlüssel und nur noch 1,20 Euro.

»Er war von Anfang an verdächtig, denn Franziska Sattler hatte ihn ja angezeigt, und es lief das Verfahren gegen ihn. Auch gestand er die Tat schon bald nach seiner Verhaftung«, erinnert sich Professor Sankovich und erläutert, warum der Fall dennoch eine Besonderheit für sie barg. »Die Tatortbeamten haben ein Stück eines Finger- oder Zehennagels neben der Leiche gefunden. Es stellte sich die Frage, ob der Mörder es sich bei der Tatausführung, die übrigens Schüsslings Angaben zufolge etwa eine halbe Stunde dauerte, abgerissen hatte. Ich wusste natürlich, dass ein solcher Beweis nur stichhaltig ist, wenn kein Naheverhältnis zwischen Täter und Opfer besteht. In diesem Fall zählte der Beweis vor Gericht nicht viel, denn Täter und Opfer hatten ja eine intime Beziehung. Der Angeklagte oder sein Anwalt hätten ganz leicht eine andere Erklärung präsentieren können, wie das Nagelstück neben die Leiche kam.«

Nichtsdestotrotz wurde Schüssling der Gerichtsmedizinerin vorgeführt, die ihm Blut-, Speichel- und Haarproben entnahm sowie den Schmutz unter seinen Nagelrändern sicherstellte. Bei dieser Gelegenheit verglich sie Schüsslings Fingernägel mit dem gefundenen Nagelstück. »Es ließ sich sehr schön anhand der Längsrillen beweisen, dass das Nagelstück vom Mittelfinger des Täters stammte.«

Abgebrochener Fingernagel des Täters.

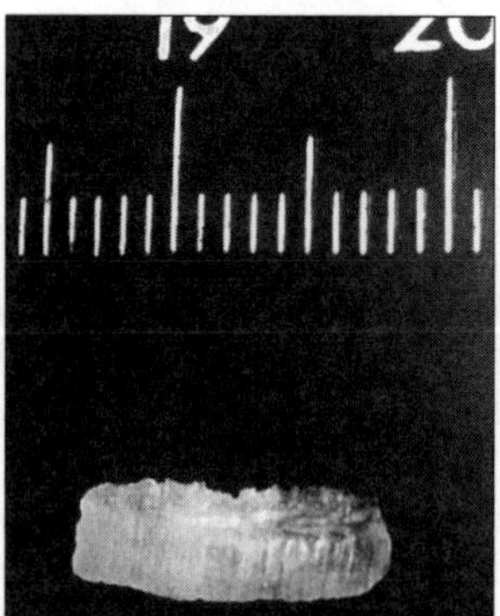

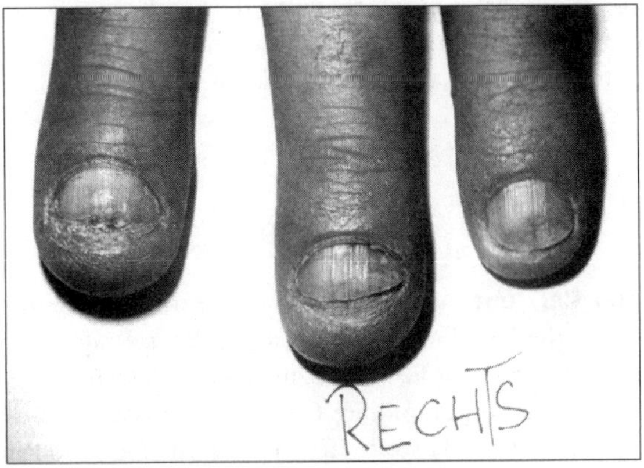

Rechte Hand des Täters: Der abgebrochene Nagel passt zum Mittelfinger.

Das Gericht verurteilte Ottmar Schüssling zu 20 Jahren Haft. Sein Geständnis wirkte strafmildernd. Wegen guter Führung wird er nun bald aus dem Gefängnis entlassen – nach 14 Jahren Haft.

»Ich bin älter geworden, und damit ruhiger und gescheiter«, sagt er. Sein Körper produziere jetzt weniger Adrenalin, und vom Alkohol sei er auch entwöhnt. »Ich weiß, dass ich keinen Tropfen mehr trinken darf.«

Psychologe Dieter Wolfhut wird Schüssling während dessen Bewährungszeit betreuen.

»Wie das Leben meines Klienten weiter verlaufen wird, hängt vor allem davon ab, ob es ihm gelingt, eine Arbeitsstelle zu finden. Aber für einen 58-Jährigen mit einer solchen Biografie ist das wohl ein Ding der Unmöglichkeit.«

Schüssling wird sich mit Sozialhilfe und der Unterkunft in einem Wohnheim für entlassene Strafgefangene begnügen müssen.

»Die Gefahr eines Rückfalls kann man niemals ausschließen«, sagt Wolfhut. Seiner Erfahrung nach hat ein Gewalttäter die größte Chance, in ein »normales« Leben zu finden, wenn er sich seine

Schuld bedingungslos eingesteht. »Er darf nicht sein Umfeld mitverantwortlich machen.«

Daran arbeitet Ottmar Schüssling noch.

Nachtrag

Am 1. Mai 1997 trat in Österreich das Bundesgesetz zum Schutz vor Gewalt in der Familie (Gewaltschutzgesetz) in Kraft. Gleichzeitig wurde das Sicherheitspolizeigesetz novelliert, dessen Paragraf 38 a die Polizei ermächtigt, familiäre Gewalttäter aus der Wohnung zu weisen (Wegweiserecht) sowie ihnen für zehn Tage die Rückkehr dorthin und das Betreten bestimmter anderer Orte zu untersagen (Betretungsverbot).

Für Franziska Sattler kam dieses Gesetz zu spät.

»HILF MIR VERGESSEN«
oder
Gurkensalat nach Art des Serienmörders

Professor Zoller blättert in der Sachverhaltsmappe eines alten Mordfalles. Sein Blick bleibt an einem Tatortfoto hängen. »Das ist der Grabmann von hinten«, sagt er.

Das Foto zeigt in flauen Farben ein ausgehobenes Erdgrab, in dem der Betrachter die Überreste eines Leichnams erahnt. Daneben sieht man die dunkle Silhouette eines dicklichen Herrn mit Hut. Unweigerlich lässt sie einen an Inspektor Maigret denken.

Lernt man den Hut-Träger persönlich kennen, erfährt man, was er von einem solchen Tatortfoto hält: nichts. »Die Indizien sollen aufs Bild, nicht der schöne Rücken des Kriminalbeamten.«

Friedrich Grabmann, langjähriger Leiter der Tatortgruppe der Kriminalabteilung Niederösterreich, ist seit 15 Jahren im Ruhestand. Dennoch spricht man in Fachkreisen auch heute noch mit Hochachtung von ihm. An einem Donnerstagnachmittag im März – aus dem grau verhangenen Himmel trudeln noch einmal dicke Schneeflocken – sitzt Grabmann am Esstisch in seinem Wohnzimmer. Mit den groben Steinmauern, den schweren Bücherschränken und den Geweihen an der Wand sieht es aus wie der Saal in einem Jagdschloss. Der Jagdherr, ehemaliger Kriminalist mit weißem Schnauzbart und stoppeligem Kinn, gibt sich ein wenig den Anschein eines alten Seebären: behäbig, rau, simpel. Doch dieser oberflächliche Eindruck täuscht. Friedrich Grabmann führt eine feine Klinge, seine Augen glitzern listig, und sein Lächeln ist verschmitzt. Besonders, wenn er eine Schnurre aus seiner Dienstzeit zum Besten gibt.

»Mein ehemaliger Chef Oberst Gatterer – Gott hab' ihn selig – war einer, der seine Nase überall hineingesteckt hat. Er ist immer an einen Tatort gekommen, wenn wir schon fast mit der Arbeit fertig waren und hat dann noch eigenhändig nachgestöbert. Einmal sind wir ins Marchfeld gerufen worden. Ein Bauer wurde in einem Weingarten erschossen aufgefunden. Das halbe Gesicht war weg, das Gewehr lag neben der Leiche. Ich wies meine Leute und die anwesenden Gendarmen an, nach dem Geschoss zu suchen. Keiner fand es. Da ist der Wagen vom Chef vorgefahren, Gatterer ist ausgestiegen, hat die gebückt umherstreifenden Männer gesehen und sich ein wenig schroff erkundigt: ›Grabmann, was tun denn die?‹

Ich erstattete Bericht. ›Alle verfügbaren Kräfte suchen nach dem Projektil, Herr Oberst.‹

›Hm‹, machte daraufhin Gatterer, ging zwei Schritte, blieb zögernd stehen, hob den Fuß und meinte: ›Und was ist das da?‹

Wir hätten uns alle reinbeißen können. Schaut der kurz vorbei und tritt justament auf das, was wir seit Stunden suchen!«

Freilich ließen die Tatortbeamten eine solche Blamage nicht auf sich sitzen. »Ein paar Wochen später haben wir bei den Ermittlungen zu einem Einbruch ein Haus durchsucht. Oberst Gatterer kam wie immer als Letzter. Auch wie immer machte er die eine oder andere Kastentür auf, zog die eine oder andere Lade heraus. Und als er zum Schreibtisch gekommen ist und den durchsucht hat, fand er eine Geldbörse. Allerdings enthielt sie kein Geld, sondern einen Zettel, auf dem stand: Wir waren schon da. Ätsch, du Super-Kieberer! – Schwupp, weg war der Gatterer. Und so schnell ist er auch nicht wieder gekommen.«

Grabmann lacht schelmisch. Es war seine pfiffige Art, die dazu beitragen hat, dass er bereits zu Beginn seiner Laufbahn das Geständnis eines der berüchtigtsten Verbrecher Österreichs aufnehmen konnte.

Mitte der 50er-Jahre hielt der Serienmörder Max G. das ganze Land in Atem. Der »Blaubart von St. Pölten«, wie er von den Medien genannt wurde, brachte mindestens vier Frauen in verschiedenen Bundesländern um. G., ein am 10. Oktober 1910 in Südtirol geborener Waschmaschinenvertreter, wurde für die meuchlerischen Raubmorde an Emilie M. (1952), Josefine K., Juliane N. und Maria R. (alle 1958), die Raubmordversuche an Richard W. und Karl K.

sowie wegen mehrfachen Betrugs und Heiratsschwindels zu lebenslangem schweren Kerker verurteilt. Die Fahnder waren aber davon überzeugt, dass G. sieben Frauen, wenn nicht mehr, ermordet hatte. Trotz zahlreicher Indizien gelang es ihnen nicht, G. etwa die vorsätzliche Tötung der Witwe Augustine L. nachzuweisen.

Max G.s Prozess fand im Frühjahr 1961 in Wien statt. Während seiner Haft in der Justizanstalt Stein versuchte er erfolglos, eine Wiederaufnahme des Verfahrens zu erreichen. 1966 verstarb er an Magenkrebs.

»Die Erhebungen waren mühevoll und haben fast zwei Jahre gedauert. Dafür wurde die erste zentrale Mordkommission in Österreich eingerichtet«, erinnert sich Grabmann. Er schildert, wie er mit diesem Fall in Berührung kam:

»1957 traf ein gewisser Richard W., Handlungsreisender mit Bijou-Schmuck aus B. bei Wien, G. in einer Raststätte nahe Gloggnitz. G. gab sich als Vertreter von Spirituosen aus, nahm W. in seinem Auto mit und kredenzte ihm zur Stärkung einen besonderen Schnaps, den er zuvor mit dem Schlafmittel Somnifen versetzt hatte. Kurze Zeit später bat W., G. möge das Auto anhalten. Der Betäubte stieg aus und taumelte zu Boden. Daraufhin fuhr G. mehrmals mit dem Wagen über ihn und raubte ihm den Schmuckkoffer. W. überlebte. Er konnte sich schwer verletzt zur Gendarmerie schleppen, wo er diese abenteuerliche Geschichte erzählte.«

In der Folge übernahm die Kriminalabteilung die Ermittlungen. Doch es verging ein Jahr, bis man jenen Mann fasste, der den Schmuckvertreter W. beinahe ermordet hätte. Während dieser Zeit tötete und beraubte G. drei Frauen innerhalb von nur vier Monaten. Schließlich erhielt im Oktober 1958 Josef R. in R. am Wörthersee einen Brief aus München. Der Absender, der ihm unbekannt war, teilte ihm mit, dass R.s geschiedene Frau Maria bei einem Autounfall in Köln ums Leben gekommen wäre. Der Kärntner ging mit dem Brief zur Gendarmerie.

Es stellte sich heraus, dass es keinen Autounfall gegeben hatte. Allerdings fanden die Gendarmen bei einer Nachschau Maria R.s Wohnung durchwühlt. Die Frau war im September mit einem Mann in dessen Auto abgereist, erzählten die Nachbarn. Maria R.

hatte einen neuen Freund. Sie hatte ihn über ein Zeitungsinserat kennen gelernt.

»Das war G.s Masche«, sagt Friedrich Grabmann. »Er gab in der Kleinen Wochenschau Mitleid heischende Annoncen auf, die mit den Worten ›Hilf mir vergessen‹ begannen. Er versprach älteren, einsamen Frauen Liebe und Wärme.«

Maria R. hatte sich von G.s Versprechungen täuschen lassen. Sie war so in ihn verliebt, dass sie sogar einen Kredit kündigte, den sie einem Fleischhauer im Ort gewährt hatte. G. hatte ihr das Geld abgeschwatzt, indem er vorgab, ein neues Leben mit ihr beginnen zu wollen. Stattdessen flößte er ihr einen mit Somnifen versetzten »Liebestrunk« ein und warf sie in einen Bach, in dem sie hilflos ertrank. Danach holte er Maria R.s Vermögen beim Fleischhauer ab. Doch der hatte sich zur Sicherheit den Ausweis des Geldeintreibers geben lassen.

Als man später die Leiche der Frau fand, kam man dem Besitzer des Ausweises rasch auf die Spur. Max G. wurde in seiner Wohnung verhaftet. Er hatte sich das Vertrauen allein stehender Frauen erschlichen, diese auf ähnliche Weise ermordet – mit Betäubung durch Somnifen und anschließendem Ertränken – und das Diebsgut bei sich zuhause gehortet.

Friedrich Grabmann erinnert sich an die Durchsuchung von G.s Wohnung. »Wir waren mehr als erstaunt. Es häuften sich dort über 1 000 Gegenstände, die auf etliche andere Morde und Überfälle schließen ließen. Im Grunde war das alles wertloses Zeug, das bewies, wie krankhaft G.s Habgier gewesen ist. Auch Richard W.s Schmuckkoffer befand sich unter den Beutestücken. W. erkannte ihn wieder.«

Etwa zu jener Zeit, als Max G. verhaftet wurde, entwickelte Roland Baumgartner, Professor für forensische Chemie an der Wiener Gerichtsmedizin, ein weltweit neues Verfahren, mit dem ein im Blut enthaltenes Gemisch aus zwei Schlafmitteln getrennt und diese Stoffe einzeln identifiziert werden können. Mit Hilfe dieses Verfahrens überführte Professor Baumgartner Max G. seiner Taten.

»Die Frauen sind ja alle ertrunken«, sagt er. »Und es ist nicht ungewöhnlich, dass jemand, der beabsichtigt, Selbstmord zu begehen, zum Beispiel am Vortag ein Schlafmittel zu sich nimmt. Im Fall G. war es wichtig zu beweisen, dass alle Opfer dieses spezielle Schlafmittel – Somnifen – im Blut hatten.«

Somnifen ist eine Mischung aus zwei Barbituraten. Eine der Substanzen ermöglicht das Einschlafen, die andere das Durchschlafen. Das Mittel wirkt sehr stark und wurde in den 1920er Jahren in der Anästhesie sowie zur Dauerschlafbehandlung bei Malaria-Patienten eingesetzt. Nach 1945 erlangte Somnifen durch die Euthanasie-Prozesse traurige Berühmtheit. Während der NS-Zeit hatte man alte und unheilbar kranke Patienten in Spitälern damit ermordet.

»G. behauptete, er hätte das Somnifen noch aus seiner Zeit als Sanitäter bei der Wehrmacht«, erinnert sich Professor Baumgartner. »Man fand aber die Fläschchen in seiner Wohnung, und ich konnte anhand der Chargennummern seine Aussage widerlegen: Das bei G. sichergestellte Somnifen wurde erst nach dem Zweiten Weltkrieg hergestellt.« Wie der Serienmörder an das Mittel kam, konnte nie festgestellt werden.

»Er war ein unscheinbarer, kleiner Mann mit einer breiten Nase im runden Gesicht und einem leicht belämmerten Blick«, erzählt Friedrich Grabmann über Max G. Nicht gerade ein Adonis. Aber er blendete seine Opfer mit einem gepflegten Äußeren und guten Manieren. Er bezirzte die Frauen mit aufgesetztem Charme. »Eine von ihnen war nicht vermögend, wie er ursprünglich vermutete, sondern stellte sich als mittellos heraus. Dazu meinte er schlicht: ›Schad' um den ganzen Aufwand.‹«

Von der Großvernehmung G.s, an der acht Ermittler beteiligt waren, erzählt Grabmann: »Wir waren vier Zweierteams, darunter der Ernstl Obermaier aus dem Wiener Sicherheitsbüro und ich. Wir beide waren die Rangniedrigsten, ich war der jüngste. Man hat peinlichst darauf geachtet, dass alles korrekt ablief, G. pünktlich seine Mahlzeiten einnahm und nicht übermüdet war.

Die Vernehmungen liefen so ab: Das erste Team war am Vormittag dran. Da war nichts. Dann kam die zweite Gruppe am Nachmittag. Da war auch nichts. Am zweiten Tag waren am Vormittag der Ernstl und ich dran. Wir sollten G. für die vierte Gruppe am

Nachmittag ›ankeilen‹. Da kamen dann die Machatscheks*, und bei denen sollte er das Geständnis ablegen.

Der Ernstl Obermaier hatte viel Erfahrung, er hat sich bei G. richtig reingeraunzt*. Ich mimte den Energischeren und arbeitete mehr auf Druck. Aber G. blockte alles ab. Der Ernstl und ich redeten und redeten und redeten. Lauter Blödsinn, nur um das Vertrauen des Verdächtigen zu gewinnen, ihn zu lockern. Bei dieser Gelegenheit hab' ich von G. gelernt, wie man Gurkensalat macht: Man hobelt die Gurken, salzt sie ein, lässt sie stehen, und drückt sie anschließend aus. Erst dann würzt man sie mit Essig und Öl. – Ich mach den Gurkensalat heute noch so.« Grabmann lacht und fährt fort.

»Gegen Mittag – es war um zirka halb ein Uhr – fing der Ernstl dann plötzlich zu weinen an.

›Ich halt' das nicht mehr aus! Ich lass' mich ablösen‹, schluchzte er. Das war natürlich nur Theater. ›Nein, ich bin menschlich so enttäuscht von Ihnen. Dass Sie mir das antun!‹ Damit drehte der Ernstl sich um und ging zu seiner Aktentasche. Seine Schultern bebten und zuckten. Daraufhin ist der G. aufgesprungen und hat gesagt: ›Ich gestehe!‹ Er bat, ja bettelte geradezu um sein Geständnis. Er selbst legte dem Ernst Obermaier das Schreibheft hin, aber der hat gesagt: ›Ich kann jetzt nicht schreiben. Fritz, schreib du!‹ Und so hab' ich G.s Geständnis aufgenommen. Allerdings stritt er dann bei der Gerichtsverhandlung wieder alles ab.«

Vergeblich.

VERRATENE LIEBE
oder
»Reifeprüfung« mit tödlichem Ausgang

1

Der Kriminalfall um Katharina Kohland weist deutliche Parallelen zu einem Filmklassiker von 1967 auf. »The graduate«, zu Deutsch »Die Reifeprüfung«, heißt dieser Streifen von Mike Nichols, der nicht zuletzt durch den Soundtrack des Pop-Duos Simon & Garfunkel Kultstatus erlangte.

Erinnern Sie sich, wie die kühle, gelangweilte Mrs. Robinson, gespielt von Anne Bancroft, den jungen, tollpatschigen Dustin Hoffman alias Benjamin Braddock zu einer Affäre verführt? Die Angelegenheit geht dann nach hinten los, denn erst durch sein Verhältnis mit der erfahrenen Frau entwickelt Ben genug Entschlusskraft, um seine Liebe zur jungen Elaine zu verfolgen. In kurzen, aber treffenden Sequenzen entlarvt der Film juvenile Ratlosigkeit, die Desillusioniertheit der älteren Generation, Lebenslügen, Heucheleien und sexuelle Tabus. Am Schluss findet das junge Liebespaar zusammen. Zurück bleibt ein gesellschaftlicher Eklat.

Genauso hätte auch der Fall Kohland enden können, vielleicht nicht mit einem Skandal, aber mit hämischem Klatsch über die verheiratete Frau und ihren 22 Jahre jüngeren Liebhaber, der sich schließlich von ihr abwendet, um ein Mädchen seines Alters zu heiraten. Es wäre ein passables Ende gewesen, hätte der verletzte Stolz der Frau sich nicht in einer grausamen Bluttat entladen.

Unser jugendlicher Held, nennen wir ihn Viktor Meinhard, war gerade einmal 16 Jahre alt, HTL*-Schüler und Hobby-Funker. Durch seine Freizeitbeschäftigung lernte er den 41-jährigen Kurt

Kohland kennen. Der Mann war ebenfalls Techniker und besaß ein Haus in jener niederösterreichischen Kleinstadt, in der Viktor mit seiner Mutter wohnte. Kohland kommunizierte via CB-Funk mit jungen Leuten und lud diese regelmäßig zu sich ein. So kam auch Viktor eines Tages in Kohlands Haus.

Dort bot sich dem Jungen folgendes Bild: alles blitzblank und gediegen. Es roch, wenn schon nicht nach großem Luxus, so doch nach bürgerlichem Wohlstand – jedenfalls nach mehr Wohlstand, als Viktor und seiner Mutter nach dem Tod des Vaters beschieden war. Kurt Kohland ging seinem Hobby im Obergeschoss nach, während seine ruhige, nicht unhübsche Frau Katharina sich vorwiegend im Erdgeschoss aufhielt. Anfangs bekam Viktor sie kaum zu Gesicht. Ihr Reich war die Küche, wo sie appetitliche Häppchen für ihren Mann und seine Gäste bereitete. Kinder hatten die Kohlands nicht.

Schon bei seinem ersten Besuch fielen Viktor die getrennten Schafzimmer auf, aber er dachte sich nichts dabei. Man plauderte ganz nett miteinander. Kurt schien ein rechter Tausendsassa zu sein, er wusste abenteuerliche Jagdgeschichten zu erzählen. Seine Frau war zurückhaltender. Sie redete nicht viel in der Gegenwart ihres Mannes. Gingen ihr Kurts Histörchen auf die Nerven?

Schon bald wurde Viktor gebeten, zum Abendessen zu bleiben. Je öfter er die Kohlands traf, desto mehr fiel ihm die Distanziertheit auf, mit der die Eheleute einander begegneten. Was war nur los mit ihnen? Lief denn nichts mehr zwischen den beiden? So alt waren sie auch wieder nicht. Sie war ein wenig jünger als er – 38, wie Viktor erfuhr.

Mit Kurt war Viktor längst per Du. Das hatte sich ganz automatisch ergeben, das Übliche unter Funkern. Katharina hingegen verhielt sich ihm gegenüber zwar nicht unhöflich, aber immer noch erstaunlich reserviert. Viktor hatte den Verdacht, dass ihr die Besuche der jungen Funker-Kumpane ihres Mannes lästig waren. Also brach er früh nach Hause auf.

Merkwürdig, dass gerade Katharina ihr Bedauern darüber ausdrückte. Weshalb sagte sie ihm an der Tür, er möge sie doch öfters besuchen?

Kurt war ein Dampfplauderer. Viel heiße Luft und nichts dahinter. Zu dieser Auffassung gelangte Viktor nach mehreren Wochen. Was anfangs unterhaltsam gewesen war, wirkte bei näherer Bekanntschaft besserwisserisch. Katharina war eindeutig die Interessantere von beiden, vermutlich auch die Intelligentere. Aber sie machte sich selbst klein.

Wenn Kurt wieder einmal kundtat, was er alles wusste und konnte, redete sie nicht dagegen. Sie holte ihn nicht auf den Teppich zurück – weder mit der weiblichen List einer Unterwürfigen noch mit den deutlichen Worten der Gleichgestellten. Nein, sie entfernte sich schlicht in die Küche. Und da verfiel Viktor auf etwas Verhängnisvolles: Er folgte Katharina.

Vermutlich war es seiner guten Erziehung zuzuschreiben, dass er ihr beim Kaffee kochen helfen wollte. Oder seiner Empfindsamkeit, die ihn die stille Frustration der Frau mitfühlen ließ. Bei dieser Gelegenheit war er zum ersten Mal mit Katharina allein. Zögernd bot sie ihm das Du an.

In der Küche war Viktor keine große Hilfe. Er beobachtete, wie Katharina die Kaffeetassen aus dem Schrank holte, Milchkännchen und Zuckerdose auf ein Tablett stellte. Ihre Bewegungen hatten etwas Eckiges, Unbeholfenes. Trotzdem wirkte sie attraktiv auf ihn. Er hatte sich bisher noch nicht viele Gedanken über Mädchen und Frauen gemacht, geschweige denn, sich mit einer eingelassen. Jetzt machte er sich Gedanken genau darüber – Fehler Nummer zwei.

Weshalb sollte er sich eigentlich nichts mit Katharina Kohland anfangen? Man liest doch so etwas in Romanen, sieht es in Filmen, ja beobachtet es unter seinen Mitbürgern – die erfahrene Frau, die einen jungen Burschen in die Liebe einführt.

Katharina bemerkte Viktors Blicke. Eine Frau mittleren Alters, vernachlässigt vom Ehemann, auf die ein gut aussehender Jüngling ein Auge warf. Wie schmeichelhaft!

Katharina Kohland hatte das Flirten nicht verlernt. Sie sah Viktor an, schaute weg und wieder hin. Und wieder weg.

Unausweichlich, dass unser Held sich jetzt fragte: Findet auch sie mich mehr als sympathisch? Sie machte einen so offensichtlich unglücklichen Eindruck. Wieso ließ sie sich Kurts Belehrungen gefallen? Warum ließ sie sich nicht scheiden? Sie wäre doch finanziell unabhängig, mit ihrer gut bezahlten Buchhalterinnenstelle.

Beim Kaffee im Esszimmer erfuhr Viktor den Grund für die Schieflage in der Ehe der Kohlands. Kurt selbst erzählte mit ungewohnt gedämpfter Stimme von der seltenen Krankheit, an der er litt. Die bösartige Veränderung der Lymphdrüsen hatte sich trotz der Medikamente, die er ständig nehmen musste, weiter verschlimmert. Morgen musste er zur Behandlung in die Klinik.

Viktor tat das Angemessene: Er wünschte ihm alles Gute und verabschiedete sich bald. Doch Katharina begleitete ihn auch diesmal zur Tür. Als er beinahe draußen war, fasste sie ihn am Oberarm, schaute zu Boden und hauchte: »Morgen.«

Viktor verstand. Das war es also. Kurts Krankheit. Deshalb duldete Katharina die fortwährende Bevormundung und ertrug eine Ehe, die längst keine mehr war. All das wurde Viktor beim Gespräch am folgenden Abend klar.

Die Frau redete wie ein Wasserfall. Die ganze Last der verkorksten Beziehung sprudelte aus ihr heraus. Und während sie sprach, zündete sie sich eine Zigarette nach der anderen an. O ja, ihre Ehe war kinderlos geblieben, zuerst weil sie sich aufs Hausbauen konzentriert hatten, da wäre keine Zeit für Nachwuchs gewesen.

Kurt hatte ja mehr als einmal betont, dass sie es ohne fremde Hilfe und ohne Kredite geschafft hatten. Darauf war er stolz.

Dann, als das Haus endlich fertig war und sie sich Kinder wünschten, war er krank geworden. Wegen der starken Medikamente rieten die Ärzte ihm, keine Kinder zu zeugen. Sie, Katharina, habe sich halt damit abgefunden.

Fünf Jahre war das jetzt her. Fünf Jahre, in denen Katharina sich Ersatzbeschäftigungen suchte. Sie gestaltete den Garten um, ließ das baufällige Haus ihrer verstorbenen Mutter abreißen und auf diesem zentrumsnahen Grundstück ein zweites, neues Haus bauen. Es sollte ihr und Kurt mehr Bequemlichkeit im Alter bieten.

Kurt hatte sich indessen in seine Lieblingsbeschäftigungen gestürzt, die Jagd und das CB-Funken. Mit der Zeit zog er sich immer mehr von Katharina zurück. Richtig abgekapselt habe er sich, sagte sie. Getrennte Schlafzimmer wären die unmittelbare Folge und – tja – ein Leben ohne Sex.

Katharina lief rot an wie ein Schulmädchen und verhaspelte sich, als sie schnell weiterredete: »Aber das Kö-Körperliche ist mir ohnehin nicht wichtig.« Viel wichtiger wäre ihr Freundschaft. Überhaupt sei die Freundschaft von Anfang an das A und O ihrer Ehe gewesen. Deshalb war es ja so schlimm, dass Kurt ihr völlig entglitten war. Nicht nur physisch, sondern auch emotional. Nicht einmal mehr Zärtlichkeiten gebe es zwischen ihnen.

Sie beide seien bei der Heirat unberührt gewesen und sehr streng erzogen worden; die Eltern praktizierende Katholiken, Gebete und die Heilige Messe jeden Tag. Völlig übertriebene Rituale. Nie hätte sie ihren eigenen Kindern so etwas angetan. Und ihnen auch noch eingeredet, Sex sei etwas Schlechtes und Schmutziges. Aber auch wenn man es besser wisse, könne man die antrainierte Denkweise eben nicht so einfach abschütteln.

Viktor fragte sich, weshalb Katharina ihm das alles erzählte. War es bloß Taktik, um ihn ins Bett zu bekommen?

Vielleicht war es das auch – zusätzlich zu etwas anderem. Viktor wurde das Gefühl nicht los, dass er der Erste und Einzige war, dem Katharina Kohland ihr Herz ausschüttete. Sie schwatzte sich mit einer Lockerheit frei, als wäre er seit Jahren ihr engster Vertrauter.

Fühlte Viktor sich geschmeichelt? Hier war, im Unterschied zu anderen Erwachsenen, eine Frau, die ihn, den 16-jährigen Schüler, völlig ernst nahm; die ihn für reif genug hielt, ihm die Funktion eines Lebensberaters zuzugestehen.

Keine Frage, Viktor fühlte sich geehrt. Aber auch eine andere Empfindung keimte in ihm auf: Mitleid. Mitleid mit einer Frau, die aus Pflichtbewusstsein gegenüber ihrem schwerkranken Mann in einer für sie unbefriedigenden Beziehung blieb. Genau genommen überkam Viktor ein ganzes Bündel der unterschiedlichsten Emotionen: Hochachtung und Bewunderung, Interesse und Neugierde, Freude und Lust. Ja, ihre freimütigen Bekenntnisse weckten seine Lust.

Er wagte es. Schüchtern legte er seine Hand auf Katharinas Hand. Er beglückwünschte sich zu seiner Tapferkeit und wischte furchtlos alle Skrupel beiseite. Kurt war ja nicht willig oder nicht fähig, seine ehelichen Pflichten zu erfüllen. Demnach nahm er, Viktor, dem väterlichen Freund nichts weg. Im Gegenteil, er machte die Frau des anderen glücklicher, was diesem, der auf ihre Hilfe angewiesen war, nur zugute käme. Außerdem mochte Kurt ihn. Da wäre es doch besser, er übernähme die Rolle des Geliebten als irgendein Fremder, den Kurt nicht schätzte.

Augenscheinlich teilte Katharina Viktors Ansichten, denn sie entzog ihm ihre Hand nicht. Ihre Finger verschränkten sich mit seinen, und plötzlich lag ihr Mund auf seinem Mund. Sie führte Viktor in ihr Schlafzimmer.

2

Im Nachhinein hätte er ihre erste Nacht zwar nicht als Katastrophe bezeichnet, aber das große Los hatte er damit auch nicht gezogen. Katharina tröstete ihn. Sie meinte, es würde mit der Zeit bestimmt schöner werden.

Sie wollte also die Beziehung zu ihm vertiefen. Und das sagte sie Viktor auch: Sie genieße die tiefe seelische Verbindung mit ihm. Der Sex sei für sie Nebensache.

Genau das war der Punkt, der Viktors Enttäuschung verursachte. Unterschwellig zunächst. Er hatte erwartet, in der Kunst der Liebe angeleitet zu werden. Aber das vermochte Katharina nicht. Sie war, wie man wenig schmeichelhaft sagen würde, verklemmt.

Nichtsdestotrotz verbrachte Viktor in den folgenden Monaten jeden Abend sowie seine Samstage und Sonntage bei den Kohlands. Seine Mutter fand nichts dabei, wenn sie erschöpft von ihrer Arbeit als Bedienerin heimkam – einer Stelle, die sie hatte annehmen müssen, als ihr Mann gestorben war und es finanziell nicht mehr reichte.

Auch sie, Frau Meinhard, wurde gelegentlich von den Kohlands eingeladen, und sie erwiderte die Gastfreundschaft, indem sie das nette Ehepaar zu sich bat. Wie gut, dass sie ihrem Sohn ordentliche

Umgangsformen beigebracht hatte. Sie wähnte Viktor in guter Gesellschaft, bei anständigen Leuten, denen ein eigenes Kind versagt geblieben war.

Besonders Frau Kohland erwies sich als großzügig. Sie machte Viktor wertvolle Geschenke. Und gescheit war sie auch. Sie lernte in ihrer Freizeit mit ihm für die Schule, prüfte ihn für den Mopedführerschein ab, sie fuhr ihn sogar mit ihrem blauen Opel-Kadett zu seinen Freunden. Sie holte Viktor auch öfters von der Schule ab, damit er sich die lange Zugfahrt von Wien nach Hause ersparte. Alles Dinge, die sie, Frau Meinhard, als Viktors Mutter gern gemacht hätte, aber halt leider nicht machen konnte – kein Führerschein, kein Auto, Flaute auf dem Konto.

Auch die Plaudereien bei Kaffee und Kuchen waren gemütlich, wenn Frau Kohland nach der Arbeit kurz bei ihnen vorbeischaute. Der Mann, Kurt, tat Frau Meinhard Leid. Denn alle drei Wochen musste er für ein paar Tage zur Therapie ins Krankenhaus. Dass Viktor an genau diesen Tagen seine sehr persönlichen Kontakte mit Katharina Kohland pflegte, ahnte die Mutter nicht. Sie war entzückt, als Katharina ihr vorschwärmte, zu welch prachtvollem jungen Mann Viktor sich entwickle. Einen solchen Sohn hätte sie sich immer gewünscht, und sie hoffe, es würde ihr, Frau Meinhard, nichts ausmachen, wenn sie ihn sich ab und zu »ausleihe«.

Frau Meinhard strahlte und beeilte sich zu entgegnen: Aber nein, ganz und gar nicht.

Kurt wiederum fand Katharinas Fürsorge für Viktor übertrieben. »Meinst du nicht, dass du ihn der Mutter entfremdest? Sie braucht ihn doch auch«, äußerte er seine Zweifel.

Katharina zuckte bloß die Achseln.

Kurt nahm ihre Gleichgültigkeit seufzend hin. Es ging seiner Frau ja spürbar besser, seit Viktor so etwas wie ihr Ziehsohn geworden war. Sie lachte wieder mehr, war insgesamt viel fröhlicher. Eine Frau braucht eben ein Kind, dachte er, etwas, das sie bemuttern kann. Katharina wirkte auch wieder weiblicher, irgendwie anziehender. Und Viktor war in den letzten Monaten ein richtig fescher Kerl geworden. – Halt. Moment. War es möglich? Gab es da etwas zwischen den beiden, das es nicht hätte geben dürfen?

Eine Entdeckung, die Kurt machte, nährte seinen Argwohn. »Tja, also«, setzte er eines Abends zu einer heiklen Frage an. Viktor war gerade nach Hause gegangen. »Sag, Katharina, ist Viktor für dich eigentlich mehr als ein – krhm – ein netter Bursche?«

Katharina erkundigte sich ganz gelassen: »Wie meinst du das?«

»Na, ein Liebhaber«, platzte Kurt heraus. »Ist Viktor dein Liebhaber?«

Katharina tat empört. »Das ist doch absurd!«

Er würde, brüstete Kurt sich, ein Verhältnis zwischen ihnen, das über eine Mutter-Sohn-Beziehung hinausginge, auf jeden Fall unterbinden.

Katharina, die sich insgeheim fragte, wie er das anstellen wollte, gab sich weiterhin entrüstet. Wie käme er denn überhaupt auf einen solch abwegigen Gedanken?

In gewichtigem Ton bekundete Kurt nun seine Ansicht, dass sie nicht wie eine Nonne zu leben bräuchte. »Es ist doch völlig natürlich, wenn du – also, seit wir nicht mehr –«

Ach so. Katharina begriff. Er hatte in ihrem Nachtkästchen gekramt und die Verhütungsmittel entdeckt.

Sie sah Kurt an. Er saß da wie einer, der sich mit seinem Los abgefunden hat. Seine Hilflosigkeit machte Katharina wütend. Was für ein Heuchler er doch war! Es war ihm egal, mit wem sie es trieb. Hauptsache, der Kerl deckte sich mit seinen Vorstellungen von einem adäquaten Liebhaber, und sie wahrte die Diskretion.

Wie sie es ihr ganzes Leben lang geübt hatte, beherrschte Katharina ihren Zorn. Sie blickte, anstatt ihre Meinung zu äußern, verlegen zu Boden. »Es ist, wie du vermutest«, sagte sie.

Dann schaute sie ihm direkt in die Augen, übernahm sogar seinen gewichtigen Tonfall: »Ja, ich verkehre intim mit anderen Männern.«

Sie sagte genau das, was Kurt in seinem Masochismus hören wollte, und zog sich danach in ihr Reich, die Küche, zurück.

»Ich glaube, Kurt ahnt etwas«, sagte Katharina beim nächsten Treffen mit Viktor. Es fand in ihrem Auto statt, als sie ihn auf dem Heimweg vom Büro von der Schule mitnahm.

Viktor reagierte nicht, also präzisierte sie: »Von der Sache mit uns beiden.«

»Ach ja?«

Der Sarkasmus in Viktors Stimme entging ihr nicht. »Wir müssen vorsichtiger sein. Mehr Rücksicht nehmen.«

Da platzte dem Jungen der Kragen. »Rücksicht? – Wir nehmen doch die ganze Zeit nichts als Rücksicht. Ich hab 's so satt!«

Er führte sich auf wie ein beleidigter Macho. Bildete er sich ein, er könnte Kurts Platz einnehmen? »Schau, ich kann ihn nicht verlassen«, versuchte Katharina Viktor zu beschwichtigen. »Kurt braucht mich.«

»Kapierst du 's nicht? Er tyrannisiert dich doch nur mit seiner Krankheit!« Viktor starrte Katharina trotzig an. »Du darfst nicht einmal mit mir alleine ausgehen.«

Ihr Ton wurde sanft. »Aber wie soll denn das gehen? Die Leute reden doch jetzt schon über uns.«

Viktor seufzte schwer.

Katharina legte die Hand auf seinen Schenkel. »Bitte sag jetzt nicht: er oder ich. Ich kann ihn nicht ausschließen. Das bring ich einfach nicht fertig.«

Viktor starrte weiter, diesmal aus dem Seitenfenster.

Nach einer Weile meinte Katharina: »Ja, es stimmt irgendwie, dass er mich tyrannisiert. Aber ich brauche ihn auch. Er ist immer eine Vaterfigur für mich gewesen.«

»Scheiße! Und was bin ich für dich – der verlorene Sohn?«

Ihre Hand wanderte aufwärts. »Das weißt du doch, dass du viel mehr für mich bist.«

Die Frau, mit der er zweimal pro Woche Sex hatte. Das war sie für ihn. Und eine willkommene Geldgeberin: Sie legte dazu, als seine Mutter ihm den B-Führerschein und das eigene Auto nicht allein finanzieren konnte. Nun hatte er einen übertragenen Escort – dank Katharina. Aber sie hatte Kurt.

Viktor hätte ewig so weiter machen können, mit dieser unglückseligen Dreiecksbeziehung. Er durchlebte die gesamte Palette der zwiespältigen Gefühle, ausgenommen Verliebtheit.

Sicher, er hatte Katharina sehr gern. Aber verliebt in sie war er nicht. Definitiv nicht. Und wiederum aus seinem jungenhaften Mangel an Menschenkenntnis heraus nahm er an, Katharina empfände dasselbe wie er.

Seinen Irrtum erkannte er erst, als er Claudia begegnete.

3

Claudia Michaleder. Was für ein Mädchen! 17 Jahre jung, blonde Locken bis über die Schultern. Blaue Augen, Schmollmund. Und wie geschmeidig sie sich zu den Disco-Rhythmen bewegte. Genau so hatte er sich die »Dancing Queen« aus dem Abba-Hit immer vorgestellt.

Es lernte sie an einem Samstagabend im »Calypso« kennen. Als er den Escort noch nicht hatte, hatte Katharina ihn regelmäßig dorthin gefahren. Er sollte doch das normale Leben eines Teenagers führen. Na gut. Jetzt würde es tatsächlich normal werden, sein Leben. Verliebt, verlobt, verheiratet. Fast schon unerträglich normal. Beim ersten Blick auf Claudia wusste Viktor: Mit diesem Mädchen wollte er alt werden. Das konnte er gerne auch vor dem Gesetz und vor Gott schwören, und zwar, wenn er im nächsten Jahr mit der Schule fertig war.

Am nächsten Vormittag aber, einem Sonntag, schaute er kurz bei Katharina vorbei. Er traf sie im Garten an. Es war Ende März, und sie setzte irgendwelche Sträucher. »Blut-Berberitzen«, klärte sie ihn auf.

»Du«, begann er und merkte selbst, wie gekünstelt seine Stimme klang. Er räusperte sich. »Ich kann heute Nachmittag nicht kommen. Ich bin bei einem Freund Platten hören.« Viel zu schnell, dachte er, viel zu schnell gesprochen.

Katharina sah ihn zweifelnd an. Keine Frage, sie roch den Braten. Schon standen die Tränen in ihren Augen. »Bitte, tu mir das nicht an!«, flehte sie leise. »Ich steh' das nicht durch, ohne dich!«

Viktors Kehle schnürte sich zu. Dann zwang er sich zur Lässigkeit. »Ach komm, es ist doch nur – ein Freund. Und ein Sonntagnachmittag.«

Natürlich war Claudia nicht bloß ein Freund. Es blieb auch nicht bei dem einen Sonntagnachmittag. Viktor traf Claudia von nun an täglich – an Stelle von Katharina. Als sie ihn wie gewohnt am Freitag von der Schule abholte, hielt sie unterwegs auf einem Parkplatz an. Sie blieben im Wagen sitzen.

Viktor wollte Katharina nicht wehtun, daher sagte er rundheraus: »Du hast dir bestimmt schon was gedacht, oder?«

Katharina nickte und brach sofort in Tränen aus. Es war schrecklich. Sie bettelte, er möge es sich noch überlegen. Sie beschwor ihn, sie nicht einfach zur Seite zu schieben.

»Nein«, versicherte Viktor, ebenfalls den Tränen nahe. »Das werde ich bestimmt nicht tun. Ich hab' dich doch noch immer gern – aber eben nur wie einen Freund.«

Was einen neuerlichen Tränenschwall bei Katharina auslöste. Als sie sich einigermaßen beruhigt hatte, fragte sie, was er denn an »diesem Mädchen« fände.

Er sagte, »dieses Mädchen« habe einen Namen, sie heiße Claudia, und es sei mit ihr ganz anders. Sie habe mehr Zeit für ihn. »Bei ihr brauche ich auf niemanden Rücksicht zu nehmen.«

Die Bemerkung traf Katharina bis ins Mark. Sie war mit ihren Nerven am Ende und rang Viktor das Versprechen ab, sie wenigstens wie früher täglich im Büro anzurufen.

Er hielt sein Versprechen, selbstverständlich. Aber die Telefonate waren nicht das, was Katharina sich vorstellte. Nur mehr erzwungene, formelle Gespräche. Katharina wusste, dass sie Viktor verloren hatte; dass es ihm ernst war mit diesem jungen Ding, dieser Claudia. Also verfolgte sie eine neue Strategie: Sie zog sich auf die Rolle der mütterlichen Beraterin zurück. Sie gab Viktor Verhütungstipps, und sie gab vor, sie hätte sich mit der Trennung abgefunden. Sie wünschte ihm sogar alles Glück dieser Erde.

Nach einer Weile begann sie damit, ihn systematisch auszufragen. Sie stellte es geschickt an – so geschickt, dass Viktor Wochen später behauptete, er habe es ihr von sich aus erzählt: Claudias

Nachname, ihren Wohnort, dass sie eine Physiotherapie-Ausbildung in Wien machte und Heilmasseurin werden wollte.

Wann sie seine Claudia nun endlich persönlich kennen lernen würde, fragte Katharina.

»Ich halte das für keine gute Idee«, antwortete Viktor.

»Aber wieso denn nicht?«, sagte Katharina.

»Weil du keine Freude daran haben wirst.«

»Ach komm, ich bin erwachsen. Und ich bin über uns hinweg. Heute Abend, zum Beispiel, treffe ich mich mit Mario.«

Mario? – Viktor schwieg.

»Er ist nett. Um die 30. Fährt eine Alfetta.« Mario mit der Alfetta. Katharina war zufrieden mit ihrer spontanen Erfindung. Sie verfehlte ihre Wirkung nicht.

»Na bitte, wenn du an ihm deine Freude hast«, kam es gereizt aus dem Hörer.

Es brauchte nur drei weitere Telefonate, bis Viktor sich von Katharina überreden ließ, ihr Claudia vorzustellen. Wieder ein Fehler. Der Kardinalfehler. Wo hatte unser junger Held bloß seinen Verstand? Die Verflossene mit der Aktuellen bekannt zu machen.

Soll man ihm den Lapsus verübeln? Vermutlich nein. Er war verstrickt in das emotionale Netz seiner Ex-Geliebten, er hatte so lange ihre Wertvorstellungen hochgehalten – wie hätte er ahnen können, dass sich in dieser hingebungsvollen Mutterfigur eine gigantische kriminelle Energie zusammenballte? Das war die eine Seite.

Der Kehrseite allerdings war seine Unaufrichtigkeit. Die falsche Scham, die er wahrscheinlich ein Leben lang bereuen wird.

Am folgenden Samstag – nur zwei Wochen, nachdem er Claudia kennen gelernt hatte – kam Viktor kurz zu Katharina nach Hause, um ihr mitzuteilen, dass seine Mutter seine Freundin zu einer Jause am Nachmittag eingeladen hatte und sie, Katharina, ebenfalls kommen könnte. Bei dieser Gelegenheit würde er sie als seine »Tante« ausgeben.

Katharina hätte am liebsten hellauf gelacht. Wie feige und verlogen die Männer doch waren! – Tante. Warum sagte er dem Mädchen nicht, was sie wirklich für ihn war? Hatte er Angst, sie würde ihm bei so viel Freimütigkeit den Laufpass geben?

Sie wurde also als Viktors Tante vorgestellt, bei einem sehr konventionellen Nachmittagskaffee mit Kuchen. Diese Claudia war eigentlich ganz nett, fand Katharina. Etwas zu dick aufgetragene Unschuld zwar, aber wohlerzogen. Sie brachte Viktors Mutter Blumen mit, antwortete brav auf alle Fragen, die sie, Katharina, oder Frau Meinhard ihr stellten. Streng genommen hieß es jetzt »Hildegard« und »du« – darauf hatten sie sich stillschweigend geeinigt. Hätte ja verdächtig gewirkt, wenn die Mutter und die Tante per Sie gewesen wären.

Katharina heuchelte Interesse an Claudias Beruf. Sie gab eine glänzende Vorstellung. Weder Viktor noch dessen Mutter merkten, was sie tatsächlich im Schilde führte. Während das Mädchen allmählich seine Nervosität ablegte und sich in begeisterten Schilderungen über die Behandlung von Rückenschmerzen erging, streute die verschmähte Geliebte gezielte Fragen in die Unterhaltung ein. Wie etwa Claudia den Weg zum Physiotherapie-Institut in Wien zurücklegte: mit dem öffentlichen Bus, aha.

Katharina hing ihren düsteren Gedanken nach. Seltsamerweise fühlte sie weder besondere Eifersucht noch Hass. Für Katharina war Claudia Michaleder lediglich ein Störfaktor. Allein die Tatsache, dass Viktor Meinhard sie liebte, besiegelte ihren Tod.

4

Vier Wochen später fuhr Katharina mit Viktor zum Autohändler. Sie hatten beide im Mai Geburtstag, und für beide war es in diesem Jahr ein besonderes Jubiläum. Viktor wurde 18 – also offiziell vom Jugendlichen zum Erwachsenen. Katharina feierte in elf Tagen ihren 40. Geburtstag.

22 Jahre und elf Tage. Früher hatten sie über ihren Altersunterschied gescherzt – zweimal elf plus elf – magische Formel, Faschingsbeginn, die anderen zum Narren halten etc. Dann hatte Viktor nachgeforscht und herausgefunden, dass manche Sterndeuter die Elf als böse Zahl betrachten und meinen, sie

stehe für Sünde und Übertretung der zehn Gebote. Er hatte Katharina nichts gesagt.

Doch ihr war ohnehin nicht mehr zum Scherzen zu Mute. Sie hatte – nicht zu Unrecht – den Eindruck, es drehe sich alles nur noch darum, ob sie Viktor auch wirklich die neuen Reifen für seinen Escort schenkte.

Wie Viktor hielt auch Katharina ihr Versprechen, aber sie fühlte sich ausgenützt. Schon auf der Hinfahrt machte Viktor, der am Steuer saß, einige ruppige Bemerkungen. Im Geschäft wurde er dann richtig flegelhaft, als er sich anstatt für neue Reifen für gebrauchte entschied. »Na, da kommst du ganz schön billig weg«, meinte er. Und: »Ein Autoradio wär' auch nicht schlecht!«

Lümmel, dachte Katharina. Betrachtete er sie etwa als seine Melkkuh? Bei so viel unterentwickelter Bescheidenheit musste sie alle ihre Kräfte aufbieten, um sich zu beherrschen. In der Hoffnung, ihn gnädig zu stimmen, erwiderte sie nichts und kaufte ihm, als er zum Elektrohändler fuhr, auch noch das Radio.

Danach, im Wagen fing sie zu weinen an. »Ich halt das nicht mehr aus, wie du mich behandelst«, schluchzte sie. »Wenn das so weitergeht, bring ich mich um!«

Worauf Viktor, dem die Heulerei allmählich auf die Nerven ging, meinte: »Aber mach es nicht mit dem Auto. Das kann ich nämlich gut gebrauchen.«

Weinkrämpfe schüttelten Katharina.

In Viktor stieg Mitgefühl auf. Er unterdrückte es. Sie hatte es so gewollt. Sie konnte nicht loslassen. Sie machte ihm freiwillig diese Geschenke. Er wäre doch blöd, wenn er sie nicht annähme.

Voller Abscheu setzte er Katharina zuhause ab und sah zu, dass er gleich fort kam. Er nahm sich vor, sie nicht wieder anzurufen, wenn sie sich weiterhin dermaßen lächerlich benahm – wie eine hysterische Matrone, die den Lauf der Welt nicht erfasste.

Und Katharina, die zutiefst gekränkte Katharina, stürzte sich gänzlich aufgelöst in die Gartenarbeit. Sie hieb die Harke ins Gemüsebeet, dass die Erde hoch spritzte. Sie hatte sich ihre Zukunft so rosig vorgestellt: In dem neuen, zentrumsnahen Haus, das ursprünglich für Kurt und sie als Alterssitz gedacht war, hätte Viktor wohnen sollen. Und sie, Katharina, hätte nach Lust und Laune zwischen Ehemann und Liebhaber hin- und herwechseln können.

Nein! Nein, das neue Haus, das sie baute – mit eigenem Schweiß, denn sie verrichtete auch Maurerarbeiten selbst – dieses Haus, das sie Viktor bereits testamentarisch zugesprochen hatte – er würde es nicht bekommen! Niemals.

Als die Schulter sie schmerzte, warf sie die Harke in den Schuppen und rückte dem Flieder mit der Gartenschere zu Leibe. Der bittersüße Duft der welken Blütenstände trieb ihr neuerlich die Tränen in die Augen. Viktor verriet ihre Liebe. Er trat ihre Gefühle mit Füßen. Und – welch entsetzlicher Gedanke – er sähe sie lieber tot als lebendig. Himmel! An der Grenze ihrer Besinnung bemühte sie tatsächlich Gott. Himmel, hilf mir! Es könnte anders sein. Es könnte sein wie früher, wenn – ja, wenn es diese Claudia nicht gäbe.

Das ganze Wochenende brütete Katharina darüber, wie sie den für sie so qualvollen Zustand ändern könnte. Schließlich fasste sie den Entschluss, Claudias genaue Wohnadresse auszuforschen und mit ihr zu reden. Das Mädchen musste zur Einsicht gebracht werden. Sie, Katharina, war zuerst da gewesen. Sie hatte ältere Rechte auf Viktor. Claudia musste ihn freigeben, nur dann würde alles wieder in Ordnung kommen.

5

An diesem Punkt ein paar fällige Erklärungen. Claudia wohnte bei ihren Eltern in Grammatneusiedl. Natürlich ist das nicht der richtige Name des Dorfes, den ich aus Gründen der Verschwiegenheit nicht nennen darf. Zwar gibt es dieses Grammatneusiedl wirklich – ein hübscher Marktflecken in der Umgebung Wiens –, aber in unserer Umgangssprache wird jede Ansiedlung, die unwichtiger ist als Wien oder St. Pölten oder Baden schlicht mit »Grammatneusiedl« bezeichnet. Weniger höfliche Zeitgenossen meinen damit auch: tiefste Provinz.

Claudia wohnte also in Grammatneusiedl bei ihren Eltern. Keine hochgestellten Persönlichkeiten, aber angesehene Leute. Die Lehrer charakterisierten Claudia als pflichtbewusst und fleißig, ihre Freundinnen schilderten sie als einen Menschen mit Ambitionen: Sie wollte es zu etwas bringen in ihrem Leben. Sie entschied sich für eine solide Ausbildung und besuchte in ihrer Freizeit Englisch- und Französischkurse, um später möglichst selbständig zu sein. Wie viele Mädchen im Teenageralter war Claudia verrückt nach Musik und Tanzen. Sie ging gerne in Discotheken und – ja, sie bändelte gerne mit Burschen an.

Bei aller Lebensfreude neigte Claudia Michaleder aber auch zur Gedankentiefe. Sie führte ein Tagebuch, in dem das Thema Tod regelmäßig wiederkehrte – besonders ein früher Tod, vor dem sie sich fürchtete. Ihrem Tagebuch vertraute sie auch ihren Glauben an Gott an. Außerdem schrieb sie am 2. Mai: Ich bin so glücklich. Für mich gibt es nur mehr einen – Viktor.

Mit ihm verbrachte Claudia den letzten Abend ihres Lebens. Als er sie am Montag, dem 21. Mai, gegen 22 Uhr nach Hause brachte, achtete sie nicht auf den blauen Opel-Kadett, der in einiger Entfernung von ihrem Elternhaus geparkt war. Seine vordere Nummerntafel war mit brauner Farbe unkenntlich gemacht. Auch sah Claudia nicht, dass jemand hinter dem Lenkrad saß und sie beobachtete: eine Frau, getarnt mit dunkler Kleidung und großer Brille. Eine Frau, die am Morgen ihren kranken Ehemann zur Behandlung in die Klinik gebracht hatte, sich anschließend telefonisch an ihrer Arbeitsstelle krank gemeldet hatte, dann zu ihrem zweiten Grundstück gefahren war und neben dem neu errichteten Haus in Zentrumsnähe eine schwere Gartenarbeit verrichtet hatte. Eine Frau, die jetzt nur noch darauf wartete, ihre Rivalin, Claudia, endlich alleine abzupassen. Und die, weil Viktor seine Freundin heimbrachte, unverrichteter Dinge wegfuhr.

Doch die Frau kam wieder – am nächsten Morgen zur Bushaltestelle nach Grammatneusiedl. Der blaue Kadett fuhr sehr langsam, die Lenkerin kurbelte das Seitenfenster herunter, winkte und rief: »Hallo Claudia, kennst du mich noch? – Ich bin 's, die Tante!« Ein freundliches Lachen. »Soll ich dich nach Wien mitnehmen? Da kannst du Zeit sparen und mit mir noch eine Kleinigkeit frühstücken. Ich lad' dich zu mir ein.«

Die ahnungslose Claudia nahm das Angebot an.

6

An jenem Dienstag, dem 22. Mai, läutete gegen Mittag bei den Meinhards das Telefon. Viktor war um diese Zeit in der Schule, seine Mutter hatte den ganzen Tag frei. Sie ging an den Apparat und hörte von Herrn Michaleder, dass Claudia nicht zu ihren Praxisstunden in Heilmassage erschienen war. Er sei selbst gerade von der Leiterin des Instituts angerufen worden. »Hat Viktor sie in seinem Auto mitgenommen?«, fragte der besorgte Vater und ließ den Verdacht mitklingen, Viktor könnte Claudia zum Schwänzen verführt haben.

»Das ist unmöglich«, antwortete Frau Meinhard. »Der Escort steht hier in der Einfahrt, und Viktor ist heute mit dem Zug nach Wien gefahren – wie sonst auch immer.« Außerdem hatte er sie vor einer knappen Stunde aus der Pausenhalle angerufen, um ihr seine Freude über das Gut auf eine entscheidende Mathematik-Arbeit mitzuteilen. »Nein, Viktor ist in der Schule und Claudia nicht bei ihm. Bestimmt nicht.«

Nach dem Mittagessen kürzte Frau Meinhard – sie übernahm gelegentlich auch Näharbeiten – einen Rock für Katharina Kohland. Als sie fertig war, rief sie bei den Kohlands an und erfuhr von Kurt, der gerade aus dem Krankenhaus heimgekehrt war, dass Katharina im Garten des neuen Hauses werkte.

Am späteren Nachmittag rief Katharina Viktors Mutter zurück und fragte: »Was willst du von mir?«

Ein wenig schroff, wie Frau Meinhard fand. Sie sagte, der Rock wäre fertig und erzählte vom Verschwinden Claudias.

»Um Gottes willen! Ja, wieso? Da wird sich Viktor aber aufregen!«

Völlig übertriebene Reaktion. Kein leises Erstaunen: »Verschwinden – wie meinst du das?« oder langsames Herantasten: »Wie – verschwunden? Was ist geschehen?« Stattdessen die deplatzierte Frage: »Soll ich trotzdem bei euch vorbeischauen?«

»Komm, wann du willst«, antwortete Frau Meinhard irritiert. »Aber Viktor ist noch nicht da.«

Er kam, wie immer am Dienstag, erst mit dem 17.30-Uhr-Zug. Er hörte seine Mutter und Katharina Kohland in der Küche reden. Ihr Gespräch verstummte, als er hereinkam. Es folgte die übliche kurze Begrüßung, dann setzte seine Mutter ihm das Nachtmahl vor. Während er seine gefüllten Paprika aß, unterbrachen nur wenige belanglose Worte das angespannte Schweigen. Katharina klammerte sich an ihren Zigaretten fest. Kaum hatte sie eine ausgedämpft, zündete sie sich schon wieder die nächste an. Viktor hatte das Gefühl, sie würde zittern wie eine durchgefrorene Katze, wenn sie mit dem Rauchen aufhörte.

»Was ist denn eigentlich mit dir los?«, fragte er.

Seine Mutter sprang für sie ein: »Claudia ist verschwunden.«

Viktor ließ sich die ganze Geschichte erzählen. Er hatte mit Claudia verabredet, sie um halb acht von ihrem Englischkurs abzuholen. Sie hätte bei ihm zu Abend essen sollen, dann wären sie in sein Zimmer hinaufgegangen, hätten sich aneinander gekuschelt und ein paar Platten gehört. Später hätte er sie wie jeden Tag nach Hause gefahren.

Jetzt rief Viktor beunruhigt Claudias Eltern an. Nein, sie hatte sich noch nicht gemeldet. Er rannte ins Vorzimmer und griff sich die Autoschlüssel. »Ich fahr' Claudia suchen. Zuerst bei ihrem Kurs, dann bei ihren Freundinnen.« An Katharina gewandt sagte er: »Kommst du mit?«

Worauf Katharina etwas erwiderte, das Viktor und seiner Mutter wohl für immer im Gedächtnis bleiben wird. »Ich? – Ich würd' sie doch gar nicht wieder erkennen, ich hab' sie ja nur einmal gesehen.«

Später am selben Abend meldete Claudias Vater die Abgängigkeit seiner Tochter bei der örtlichen Gendarmerie. Gleich am nächsten Morgen, am Mittwoch, dem 23. Mai, informierten die Beamten die Medien, schwärmten in Grammatneusiedl aus und befragten unter anderem die Leute, die an der Bushaltestellte warteten. Sie erhielten brauchbare Hinweise: Zeugen hatten Claudia in einen blauen Opel-Kadett mit einer Frau als Insassin steigen sehen.

Ein Zeuge hatte bemerkt, wie der Wagen dem zur Haltestelle gehenden Mädchen in langsamem Tempo gefolgt war. Eine andere Zeugin hatte beobachtet, wie das Auto mit Claudia davongebraust war und die Lenkerin eine Nachrangtafel missachtet hatte. An die Autonummer konnten beide Hinweisgeber sich nur bruchstückhaft erinnern. Die Gendarmen ermittelten nun bei der zuständigen Bezirkshauptmannschaft 80 in Frage kommende Kennzeichen von blauen Opel-Kadetts und sandten diese Daten zur Fahndung aus – ergebnislos.

Nach seinem Antritt zum Nachtdienst bekam Revierinspektor Josef Stinnauer die Fahndungsdaten zu Gesicht. Er kannte die Familie Michaleder. Er wusste auch, dass Claudia mit einem jungen Mann namens Viktor Meinhard befreundet war, der wiederum seinerseits – glaubte man den Gerüchten – mit der 40-jährigen, verheirateten Katharina Kohland liiert war. Ein Telefonat genügte Stinnauer, um herauszufinden, dass Frau Kohland einen blauen Kadett besaß, dessen Autonummer aber nicht zu den Hinweisen passte. In diesem Punkt irrten die Zeugen, sie hatten, wie sich bald herausstellte, die Ziffer 1 mit der Ziffer 7 verwechselt.

Stinnauer begab sich schnurstracks mit seinem Kollegen zu den Kohlands. Die Frau machte einen seltsamen Eindruck – übermüdet und aufgekratzt zugleich, als hätte sie Aufputschmittel und Tranquilizer zusammen eingenommen. Klar, es war halb zwei Uhr nachts, und sie hatten sie aus dem Schlaf gerissen, aber trotzdem. – Hatten sie sie wirklich aus dem Schlaf gerissen? War sie nicht viel zu unruhig, um schlafen zu können? Außerdem gab es etliche Waffen in diesem Haus, angefangen vom Revolver, den der Mann, angeblich aus Angst vor Einbrechern, unter dem Kopfkissen aufbewahrte, bis hin zu den Jagdgewehren und Jagdmessern in der Wohnzimmer-Vitrine, Letztere immerhin versperrt.

Und dann war da noch der Kratzer an Katharina Kohlands Hand. Nicht tief zwar, aber auffallend genug. Stinnauer hatte also ausreichend Gründe, um sie auf den Posten mitzunehmen, wo sie den

Kratzer mit einer Verletzung erklärte, die sie sich beim Rosenschneiden zugezogen hätte.

Katharina selbst war erstaunt, wie rasch die Gendarmen auf sie gekommen waren; dass sie überhaupt auf sie gekommen waren. Gut, sie hatten eben herausgefunden, dass es zwischen ihr und Claudia Michaleder eine Verbindung gab – über Viktor –, aber im Grunde wussten sie nichts. Rein gar nichts. Sie brauchte sich bloß ganz natürlich und unwissend zu geben, dann konnte ihr niemand etwas nachweisen. Sie hatte doch wahrlich bewiesen, dass sie eine brillante Schauspielerin war. Also: ganz natürlich.

Ihre Aufgewühltheit machte ihr einen Strich durch die Rechnung. Sie hatte noch keine Gelegenheit gefunden, das Geschehene auch nur ansatzweise zu verarbeiten. Wären die Gendarmen doch erst in ein paar Tagen zu ihr gekommen! Schluss jetzt, mahnte sie sich im Stillen und zwang sich zur Konzentration.

Dieser Revierinspektor – Stinnauer setzte sich ihr gegenüber. Der andere saß in einiger Entfernung an der Schmalseite des Schreibtisches. Wären sie doch weniger entgegenkommend gewesen. Hätten sie sie angebrüllt oder direkt beschuldigt, das Verstellen wäre ihr um vieles leichter gefallen. Aber nein, sie tasteten sich bedächtig im Gespräch vor, boten ihr sogar Kaffee und Zigaretten an.

Katharina erkannte, dass die Männer in den grauen Uniformen sich ihr gegenüber in himmelhohem Vorteil befanden: vertraute Umgebung, vertraute Situation, vertraute Zeit. Die hatten das alles schon 100-mal erlebt, während sie, Katharina Kohland, zum ersten Mal mitten in der Nacht in einer nüchternen Amtsstube Rede und Antwort stehen musste.

Und dann diese umständliche, verschleiernde Ausdrucksweise. »Wir haben Sie hergebeten, weil einige Verdachtsmomente gegen Sie bezüglich der Abgängigkeit von Claudia Michaleder bestehen«, sagte Stinnauer. Worauf er ihr lang und breit die Milderungs- und Erschwernisumstände im Sinne des Strafgesetzbuches erläuterte.

Als er die erste Frage stellte, leugnete sie. Sie leugnete, mit dem Verschwinden dieser – wie hieß sie doch gleich – Julia, äh nein – Claudia auch nur das Geringste zu tun zu haben. Auch hätte sie

sie nie – niemals! – in ihr Auto einsteigen lassen. Sie hätte das Mädchen das erste und einzige Mal vor einigen Wochen gesehen. »Da war ich bei Frau Meinhard auf Besuch.«

»Ist es möglich, dass auf dem Revolver Ihres Mannes auch Ihre Fingerabdrücke sind?«, fragte Stinnauer.

Solange ihn der Revolver beschäftigte, hatte sie nichts zu befürchten. »Sicher ist das möglich«, antwortete Katharina wahrheitsgemäß. »Weil ich ihn beim Bettenüberziehen in die Hand nehmen muss.«

Dann wurde die Sache kniffliger. Stinnauer horchte sie zu Viktor aus. Freundschaft? – Ja. Mütterliche Gefühle? – Auch ja. Intime Beziehung? – »Darüber verweigere ich die Auskunft.« Schließlich ging ihre Privatsphäre niemanden etwas an. Dachte sie.

Offenbar ließ Stinnauer sich von ihrer Bestimmtheit in die Schranken weisen, denn er wechselte das Thema. »Waren Sie gestern, also am Dienstag, mit Ihrem Wagen unterwegs?«

»Ja, ich habe meinen Mann am späten Vormittag vom Krankenhaus abgeholt.«

»Und in der Früh? Sind Sie da nicht mit Ihrem Auto gefahren?«

Verdammt. Hatte sie jemand erkannt? Natürlich waren einige Leute an der Bushaltestelle gestanden. »Am Montag in der Früh hab' ich meinen Mann ins Krankenhaus gebracht«, antwortete Katharina ausweichend.

Darauf ritt dieser Stinnauer nun endlos herum. Ihr Mann wäre demgemäß also im Krankenhaus gewesen, und sie selbst zuhause im Krankenstand – allein. Er sprach es zwar nicht aus, aber sie wusste genau, was er meinte: Sie hatte kein Alibi. Und dann kam wieder die Sache mit ihrem Auto am Dienstagmorgen, worauf sie schließlich zugab: »Ich bin doch unterwegs gewesen, ich hab 's ganz vergessen. Ich bin kurz zu meinem Neubau gefahren, um eine Arbeit zu erledigen.«

»Zwischen sieben und halb acht?«, erkundigte sich Stinnauer in neutralem Ton.

»Ja, das dürfte hinkommen.«

»Ziemlich früh für Maurerarbeiten.«

»Es waren keine Maurer-, sondern Gartenarbeiten.« Katharina sah auf die Uhr. »Es ist auch jetzt ziemlich früh.«

Vier Uhr. Mit der Aufforderung, sie möge sich zur Verfügung halten, entließ Revierinspektor Stinnauer Katharina Kohland nach Hause.

Aber am Abend holte er sie wieder – zur Gegenüberstellung mit den Zeugen. Katharina musste mit ihrem Kadett zur Bushaltestelle nach Grammatneusiedl fahren und das Auto dort parken. Stinnauer saß auf dem Beifahrersitz und ließ zuerst eine Frau und dann einen Mann vorbeigehen. Beide Zeugen erkannten Katharina als die Frau, zu der Claudia Michaleder in den Wagen gestiegen war. Doch plötzlich erschien ein anderer, ein junger Mann neben dem Wagen, riss die Fahrertür auf, grub seine Finger in Katharinas Hals und versetzte ihr dann einen Schlag auf den Kopf, während er verzweifelt schrie: »Was hast du mit ihr gemacht?«

Der junge Mann war Viktor.

7

Josef Stinnauer kam nach der erfolgreichen Gegenüberstellung und Viktors tätlichem Angriff auf Katharina in jenes Ermittlungsstadium, das ihn verpflichtete, eine entscheidende Meldung zu machen.

Wenn man sich einmal in den Landgendarmen hineinversetzt: Er hatte den Stein ins Rollen gebracht. Er hatte richtig kombiniert, die Verdächtige aufgespürt, die Mörderin als Erster verhört. Dass Katharina Kohland Claudia Michaleder umgebracht hatte, stand für Stinnauer fest. Er wusste nur noch nicht, wie sie es getan hatte. Und nun, da die Angelegenheit interessant zu werden begann, hatte er die übergeordnete Behörde einzuschalten. Dann kamen die Leute von der KA (Kriminalabteilung) und heimsten den Erfolg für sich ein.

»Es kann schon Konflikte geben«, räumt Friedrich Grabmann, der damalige Leiter der Tatortgruppe, ein. »Man darf mit einem uniformierten Kollegen nicht zu kritisch sein. Seine Hauptaufgabe ist das Helfen, das Bereinigen, das Ordnen. Wenn er als Erster an einen Fundort kommt, hat er zunächst nur wenige Anhaltspunkte, was überhaupt geschehen ist. Er weiß nicht, was er vorfinden wird.« Selbstverständlich müsse auch ein Uniformierter auf die Spuren achten, das lerne er in seiner Ausbildung.

Grabmann verrät: »Mir persönlich sind ambitionierte Gendarmen lieber, die sagen: ›Schau dir das doch einmal an‹. Nicht die, die nur herumstehen und aufpassen, dass keine Journalisten dazukommen. Was den Fall Kohland betrifft: Der Stinnauer gehörte in die erste Kategorie.«

»Meine Leute treten heute nicht mehr als Wichtigtuer auf«, bestätigt Chefermittler Rudolf Benda. »Allerdings leiden sie am Minderheitssyndrom der Spezialisten, das heißt, sie bleiben oft von anderen unverstanden.« Benda hält es für wichtig, die Gendarmen vor Ort in die Arbeit mit einzubeziehen. Mit Kritik spart er aber auch nicht. »Manche interessieren sich nur für Organmandate. Andere lassen gleich alles fallen und räumen ihren Schreibtisch. Wieder andere sind in allem und jedem behilflich, haben aber kein Gefühl für kriminalistische Arbeit. Schließlich gibt es auch noch jene, die einem dreinreden und erklären, wie man was tun soll – genau wie es die Presse macht, wenn die Ermittlungen nicht sofort erfolgreich sind.« Mit einem ironischen Lächeln fügt Benda hinzu: »Das ist bei Polizisten so wie bei Lehrern – da wissen auch die anderen alles besser.«

Revierinspektor Josef Stinnauer jedenfalls wusste, wie er sich richtig verhalten musste. Ihm war klar, dass Mordermittlungen im Heimatort auch die Gefahr bergen, dass man alles an sich reißt. Weil man sich ja gut auskennt, schiebt man andere Lösungsansätze bei Seite und übersieht mitunter wichtige Indizien. Ihm war auch klar, dass Spezialisten ans Werk mussten, um Katharina Kohland zu überführen. Desgleichen sparte er sich hinterher Kommentare wie: »Ich hab 's ja gleich gesagt, dass es die war. Dafür hätten wir den von der KA nicht gebraucht.«

Katharina wurde also ein zweites Mal auf den Gendarmerieposten geholt, und wieder vernahm Stinnauer sie. Sie musste ihre Lebensumstände, ihre Beziehung zu Viktor und die Bekanntschaft mit Claudia ausführlich schildern. Im Wesentlichen blieb sie bei den Aussagen, die sie bereits in ihrer ersten Vernehmung gemacht hatte.

Während Stinnauers Verhör sich allmählich festfuhr, trafen Friedrich Grabmann und sein Tatort-Team bei jenem zentrumsnahen Grundstück ein, auf dem Katharina ihr neues Haus errichtete und in letzter Zeit so viele Gartenarbeiten durchführte.

»Das Haus war im Rohbau fertig, und rundherum herrschte ein ziemliches Durcheinander«, erinnert sich Grabmann.

Damals schickte er einen seiner Männer zur Nachbarin. Er sollte herausfinden, ob in letzter Zeit auf dem Grundstück umgegraben worden wäre.

»Ja«, sagte die Nachbarin, »Frau Kohland selbst hat erst am Montagvormittag eine Grube ausgehoben – dort, gleich hinter dem Haus.«

Als ihn die Nachricht erreichte, hielt Josef Stinnauer der Verdächtigen auf seinem Revier vor: »Es gibt Zeugen, die gesehen haben, wie Claudia Michaleder gestern früh in Ihren Wagen eingestiegen ist.«

Katharina zuckte die Achseln.

Stinnauer machte weiter: »Außerdem haben wir Zeugen dafür, dass Sie zur vermutlichen Tatzeit im Garten Ihres neuen Hauses anwesend waren.«

Sie drehte gelangweilt den Kopf zur Seite.

Stinnauer ließ sich nicht beirren, sondern spielte den Trumpf gekonnt aus. »In diesem Garten wurde gerade die Leiche von Claudia Michaleder ausgegraben.«

Die Verdächtige verriet sich durch eine Anspannung der Kiefermuskeln.

»Sie müssen jetzt mit uns dorthin fahren – zum Lokalaugenschein.«

Keine Reaktion.

»Was sagen Sie dazu?«

»Na, fahren wir!«

»Haben Sie sonst nichts dazu zu sagen?«

»Ich will mein Testament ändern.«

»Sonst nichts?«

»Leider.«
»Wollen Sie jetzt ein reumütiges Geständnis ablegen?«
»Nein!«

8

»Die Arbeit in der Tatortgruppe ist nicht beliebt«, legt Friedrich Grabmann dar. »Jeder in der KA muss sie während seiner Ausbildung machen. Es ist eine schwere, unangenehme Arbeit. Man muss im Dreck wühlen. Um das länger durchzustehen, braucht man eine Rossnatur. Meiner Erfahrung nach haben es Leute vom Land da einfacher als Stadtmenschen, weil sie an schlechte Gerüche gewöhnt sind.«

Doch was im Garten von Katharina Kohland aufgefunden wurde, erschütterte sogar die Rossnaturen dieser Ermittler. Zunächst kam nur der Torso der Leiche zum Vorschein. Im Polizeibericht ist zu lesen: »Selbst angesichts des ausgegrabenen, verstümmelten und verbrannten Leichenteiles stellte Kohland weiterhin jeden Tatzusammenhang in Abrede. Sie war nicht bereit, jene Stellen zu zeigen, wo die anderen Leichenteile vergraben waren.«

Man suchte weiter, forderte Leichenspürhunde an, grub auf beiden Grundstücken des Ehepaares Kohland. Man sicherte Reste von weggewaschenen Blutspuren in der Garage, am Auto und schließlich auch im Haus.

Mit dem gesamten Schrecken konfrontiert, brachte Katharina zunächst eine Notwehr-Version vor, verstrickte sich aber gegenüber den Beamten der Erhebungsabteilung, wie die Mordgruppe früher genannt wurde, in immer größere Widersprüche.

Am nächsten Tag, am Donnerstag, dem 24. Mai, legte Katharina Kohland ein Teilgeständnis ab. In ein paar Tagen würde sie ihren 40. Geburtstag feiern, gab sie zu Protokoll. Sie hätte Viktor und seine Mutter zu einer Feier einladen wollen. »Da ich aber wusste, dass Viktor an diesem Tag bei Claudia sein würde, bin ich am Dienstagmorgen nach Grammatneusiedl gefahren. Ich wollte mit

Claudia allein sprechen und sie bitten, Viktor an meinem Geburtstag erst später zu sich einzuladen. So habe ich ihr angeboten, sie nach Wien mitzunehmen und vorher noch mit ihr zu frühstücken.«

Widerspruch eins: Katharina befand sich im Krankenstand, sie wäre gar nicht nach Wien gefahren.

Widerspruch zwei: Die Aussprache hätte auch im Auto stattfinden können, ein Frühstück in Katharinas Haus wäre dazu nicht nötig gewesen.

Doch weiter im Text. »Zuhause hab' ich Wasser für Kaffee aufgesetzt. Claudia folgte mir in die Küche. Dort habe ich ihr mein Anliegen vorgetragen.« Claudia hätte daraufhin erklärt, sie hätte gar keine Veranlassung, Viktor später als sonst zu treffen. »Ich habe das Mädchen angefleht, Viktor doch zu mir kommen zu lassen. Sie hat mich ausgelacht.«

Nun wäre Katharina in Rage geraten. Sie hätte sich auf das Mädchen gestürzt und es geohrfeigt. »Ich weiß gar nicht mehr genau, wie alles abgelaufen ist. Wahrscheinlich habe ich Claudia Schläge auf den Kopf und den Oberkörper versetzt. Sie muss sich davon so bedrängt gefühlt haben, dass sie zu einem Küchenmesser griff, das hinter ihr auf der Anrichte lag. Damit ging sie auf mich los.«

Im nun folgenden Handgemenge hätte Katharina sich an den Händen verletzt, und das Küchenmesser wäre zu Boden gefallen. »Ich griff schnell nach einem Jagdmesser, das zufällig zum Abwaschen in der Küche lag. Und während Claudia sich nach dem anderen Messer bückte, stach ich auf ihren Rücken ein – wie oft, kann ich beim besten Willen nicht sagen.«

Dann hätte Claudia ihr das Jagdmesser entrissen, wäre schreiend hinausgerannt und in der Einfahrt neben dem Wagen zusammengebrochen. Katharina hätte die Leblose nun in die Garage gezerrt und wäre in ihr Schlafzimmer gelaufen, um einen Handspiegel zu holen und damit zu prüfen, ob das Mädchen noch atmete. Außerdem hätte sie sich mit dem Revolver ihres Gatten erschießen wollen.

Die Ermittler kauften Katharina die Geschichte nicht ab. A) wegen der übersteigerten Dramatik – Handspiegel aus dem Schlafzimmer, Selbstmord mit dem Revolver. Hätte Katharina sich tatsächlich erschießen wollen, sie hätte es genauso gut im Schlafzimmer erledigen können, anstatt wieder zur tödlich verletzten Rivalin in die Garage zurückzulaufen. B) hätte jeder verantwortungsbewusste Mensch, der einen anderen in Notwehr niedersticht, Hilfe geholt. C) war es äußerst unwahrscheinlich, dass Claudia Michaleder mit einem Messer – mit welchem auch immer – auf Katharina losgegangen war. Dafür war der Kratzer an Katharinas Hand zu oberflächlich. Und schließlich D) sprachen die große Anzahl und die Intensität der Stiche für eine Tötungsabsicht.

Die Kriminalisten waren überzeugt, dass die Verdächtige sich gar nicht lange mit Kaffeekochen und Aussprachen aufgehalten hatte, sondern sofort nach dem Betreten der Küche Claudia mit dem eigens bereit gelegten Jagdmesser attackiert hatte. Diesen Umstand konnten die Fahnder später vor Gericht durch ein anhand von Zeugenaussagen erstelltes Zeit-Weg-Diagramm nachweisen.

In der nächsten Version ihres Geständnisses bekannte Katharina sich zu ihrem Verhältnis mit Viktor. Sie sagte, sie hätte Claudia gebeten, ihn frei zu geben, und als diese sie lachend mit den Worten »Was bilden Sie alte Geiß sich eigentlich ein?« beleidigte, das Mädchen erstochen.

Ob Claudia die Worte tatsächlich ausgesprochen und die Rivalin ausgelacht hat, oder ihr nur ein Lachen aus Verblüffung entschlüpft ist – sie hatte ja bis dato von Viktors Verhältnis mit der älteren Frau nicht die blasseste Ahnung –, bleibt ungeklärt. Man kann sich lediglich auf Katharinas schwankende Angaben stützen.

Hätte man der Mörderin vertrauen sollen, als sie beteuerte: »Ich habe nur eine Aussprache im Sinn gehabt und das Jagdmesser ausschließlich für den Fall bereitgelegt, dass das Mädchen sich weigert, Viktor freizugeben.«?

Angeblich hätte sie Claudia unbehelligt gehen lassen wollen, wenn diese bereit gewesen wäre, ihr Verhältnis mit Viktor zu lösen.

Aber hätte Katharina Claudia dann schon am Abend des 21. Mai aufgelauert?

Das Gericht war der Ansicht, dass Katharina alles minutiös vorbereitet hatte. Sie hat Claudia Michaleder vorsätzlich und meuchlings getötet. Sie wollte es bereits am Montagabend im Schutz der Dunkelheit tun, musste aber ihr Vorhaben auf Dienstagmorgen verschieben, als Viktor Claudia nach Hause brachte. Kriminalbeamte, Geschworene und der Richter führten ein stichhaltiges Argument ins Treffen: die Grube.

Hätte Katharina bereits am Montagvormittag die Grube ausgehoben, wenn sie nicht von vornherein Claudias Ermordung geplant hätte?

Unkraut, antwortete Katharina, sie hätte darin Unkraut vergraben wollen.

Oder eine Leiche beseitigen.

Und wie sie sie beseitigte!

Sie ging äußerst kaltblütig, zielstrebig und umsichtig ans Werk. Sie zerrte die Leiche in die Garage und entkleidete sie vollständig. Mit dem Jagdmesser trennte sie Kopf und Gliedmaßen vom Körper. Den Rumpf weidete sich regelrecht aus, schnitt Fleischstücke und Brüste aus dem Leib. Sie hätte auf diese Weise das Gewicht der Leiche für den Abtransport reduzieren wollen.

Wie kann diese Behauptung mit der Tatsache übereinstimmen, dass Katharina beide Ringfinger von den Händen der Toten abtrennte? Die Verlobungsringe nahm sie an sich und warf sie später in die Donau. Sie konnten nie gefunden werden.

Der entsetzte Friedrich Grabmann und seine nicht weniger schockierten Tatortkriminalisten fanden die Gliedmaßen und die Eingeweide im Garten des Wohnhauses der Kohlands. Den Rumpf und den Kopf hatte Katharina mit ihrem Auto zum Neubau geschafft, um sie in der vorbereiteten Grube mit Benzin zu übergießen und anzuzünden. Zuvor hatte sie noch Claudias Kleidung und Tasche darin verbrannt.

»Weil mich der Kopf immer so anschaute«, nahm sie den Schädel aus dem Grab und verscharrte ihn unmittelbar neben dem Rohbau. Dort stellten ihn die Tatortbeamten in einer Tiefe von 40 Zentimeter sicher.

Den Vernehmungsbeamten indessen fiel auf, wie oft Katharina

betonte, sie wäre von ihren streng katholischen Eltern zur Selbstbeherrschung erzogen worden. Eine eiserne Kontrolle, die sie außer in ihrem Blutrausch nur ein einziges Mal verlor: Zu Beginn ihrer Ehe hatte sie Kurt im Streit eine so starke Ohrfeige versetzt, dass sein Trommelfell riss.

Die Strafanzeige schließt mit dem folgenden Zitat:

»Kohland leugnete bis zum Vorliegen unwiderlegbarer Beweise und versuchte auch dann noch immer, das Geschehen in der für sie am günstigsten scheinenden Weise darzustellen. Menschliche Gefühle oder Regungen gegenüber Claudia Michaleder waren bis zum Schluss der Einvernahmen nicht an ihr erkennbar.«

9

Mehr als 20 Jahre später fand Katharina Kohland zu ihren religiösen Wurzeln zurück. Sie verbüßte ihre lebenslange Haftstrafe, was in der Praxis längstens 22 Jahre im Gefängnis bedeutet, und verarbeitet ihre Schuld auf spirituellem Weg. Sie lebt heute unter geändertem Namen in einem anderen Bundesland – zurückgezogen in einem Kloster.

Und unser jugendlicher Held, was ist aus ihm geworden?

Ehrlich gestanden, ich weiß es nicht. Vielleicht ist Viktor Meinhard auf die Malediven ausgewandert. Oder er lebt mit seiner Frau und seiner Kinderschar in einem schmucken Haus in Grammatneusiedl.

Sie sind nicht zufrieden mit diesem Ende?

Tut mir Leid. Aber Sie wissen ja schon: Das war kein Filmdrehbuch, sondern eine wahre Geschichte.

Nachtrag I

Nachtrag I zeigt, dass selbst ein solch tragischer Fall seine skurrilen Momente haben kann.

Am 24. Mai, dem Donnerstagabend, erschien ein gewisser Eduard Stör auf einer von Grammatneusiedl 50 Kilometer entfernten Gendarmerie-Dienststelle und machte folgende Angaben:

»Ich fuhr heute Vormittag zwischen 10 und 10.30 Uhr mit meinem Wagen in Richtung Stadtmitte. Auf der Höhe des Kleidergeschäfts Groissner bog plötzlich der rechts von mir fahrende Pkw auf meine Fahrspur, und ich konnte nur knapp einen Unfall verhindern. Ich stieg aus und schimpfte die Fahrerin. Sie reagierte überhaupt nicht, sondern starrte nur vor sich hin.

Als ich heute Abend das Bild des verschwundenen Mädchens in der Zeitung sah, erkannte ich auf dem Foto eindeutig jene Person wieder, die am Vormittag den Pkw gelenkt hatte. An die Automarke und die Wagenfarbe kann ich mich nicht mehr erinnern. Aber ich möchte nochmals betonen, dass es sich bei der Lenkerin einwandfrei um das in der Zeitung abgebildete Mädchen handelte.«

Beruhigt darüber, seiner Pflicht als rechtschaffener Bürger genügt zu haben, verließ Eduard Stör den Gendarmerieposten.

Nachtrag II

Nachtrag II zeigt, dass gerade bei derart komplexen Ermittlungen Pannen passieren.

»Als wir das erste Mal im Haus von Katharina Kohland waren, haben wir minimale Blutspuren im Esszimmer übersehen«, bekennt Friedrich Grabmann. »Es war dort eine Durchreiche zur Küche, deren Flügeltüren bei der Tat geschlossen gewesen sind. Als wir kamen, waren diese Türen offen – die Spuren also im anderen Zimmer.

Oberst Gatterer war sauer auf uns, denn die Vernehmungsbeamten hätten zu diesem Zeitpunkt dringend ein Indiz gebraucht, mit dem sie die Kohland zum Reden hätten bringen können. Dabei waren der Gerichtsmediziner und die Leute von der KTZ* auch da – die haben 's genauso übersehen wie wir. Ich hab' mich halt auf meine tüchtigsten Leute verlassen.«

Und dann, als Grabmann einen seiner Männer zur Nachbarin schickte, um zu erfahren, ob in letzter Zeit auf dem Grundstück gegraben wurde, geschah Folgendes: »Der Kollege ist mit der Antwort nicht zu mir gekommen, sondern hat mich übergangen und Gatterer berichtet. Da war wiederum ich sauer.«

Einmal mehr – Stunk mit dem Chef.

»Eines muss man dem Gatterer wirklich zugute halten: Er war ein hervorragender Kriminalist. Zum Beispiel hing einmal in einem Weingarten ein Toter, sein Kopf blutig zerschmettert«, erinnert sich Grabmann an einen Fall bei Eggenburg. »Wir haben uns gefragt: Was kann so eine Verletzung hervorrufen? Ein Sprengsatz? Aber wo war er?

Da kam der Oberst Gatterer an den Tatort und hat uns auf eine Blutspur in einiger Entfernung aufmerksam gemacht. Neben dieser Stelle ist eine Schrotflinte gelegen. Damit war der Fall geklärt: Der Mann hat sich in den Mund geschossen. Und nachdem er das getan hatte, konnte er noch 150 Meter weit gehen und sich im Weingarten erhängen!«

»Überhaupt«, fährt Grabmann fort und leistet damit einen Beitrag zum Gedenkjahr 2005 – 60 Jahre Kriegsende und 50 Jahre Staatsvertrag, »überhaupt würde man heute die Arbeitsweise von damals nicht verstehen. In der Nachkriegszeit, während der russischen Besatzung gab es keine Dienstwagen. Wir sind mit dem Autobus herumgefahren, um Alibis zu überprüfen. Eine Dienstwaffe mussten wir uns selbst besorgen, aber die hat damals ein ganzes Monatsgehalt gekostet. Ich ging mit einem großen Eisennagel bewaffnet, andere hatten ein Bajonett. Meine Großmutter hat mir dann einen Totschläger geschenkt. Als ich 1947 zur KA gekommen bin, hat es dort nur zwei Pistolen gegeben. Die eine war für den Chef, die andere für seinen Assistenten.«

Auch hatten den Kriminalbeamten damals viel zu wenige Gummihandschuhe für Spurensuche und Obduktionen zur Verfügung gestanden. »Es ist gar nicht selten vorgekommen, dass jemand sich eine kleine Verletzung zugezogen und damit eine böse Infektion eingehandelt hat – den ganzen Unterarm aufs Doppelte angeschwollen.«

Sie ermittelten eben nicht in der sterilen Scheinwelt Hollywoods, sondern in der näheren Nachbarschaft von Grammatneusiedl. Obwohl Grabmann sich seit jeher fiktive Ausflüge ins ferne Amerika gestattet hat – er ist ein leidenschaftlicher Sammler von Kriminalromanen des Hard-boiled-Genres.

Apropos jüngere Geschichte. Bald werden sie aus dem Straßenbild des ländlichen Österreichs verschwunden sein, die grauen Gendarmen-Uniformen mit den rot-goldenen Corpsabzeichen, die eine explodierende Granate aus den Napoleonischen Kriegen darstellen. Ihr Ende steht unmittelbar bevor, die Gendarmerie wird der Polizei einverleibt. Leise Wehmut darf einen da schon überkommen. Denn wie heißt 's auf gut Österreichisch: Ein bisserl Raunzen ist immer erlaubt.

ANHANG

Begriffserklärung

DEKRA = Dienstleistungsunternehmen, das ähnlich wie der TÜV Fahrzeugüberprüfungen durchführt
G'schmierter = österreichischer Dialektausdruck für Gendarm
Hackn = österreichisch für Arbeit
HTL = Höhere Technische Lehranstalt
keppeln = österreichisch ugs. für fortwährend schimpfen
Kieberer = wienerisch für Polizist, Kriminalbeamter
KTZ = Kriminaltechnische Zentralstelle
Kukuruz = österreichisch für Mais
Luster = österreichisch für Kronleuchter
Machatscheks = wienerisch für wichtige, ranghohe Personen
Ordination = österreichisch für Arztpraxis
Perigon = nicht in Kelch und Krone gegliederte Blütenhülle höherer Pflanzen
Präsenzdienst = österreichisch für Grundwehrdienst
raunzen = landsch. für widersprechen, nörgeln
Sandler = österreichisch für Obdachloser
Schnurre = scherzhafte Erzählung
sekkieren = österreichisch für quälen, belästigen
Stelze = österreichisch für Eisbein
Sturm = alkoholhältiges Getränk, nicht mehr Most und noch nicht Wein
Turnusarzt = österreichisch für Arzt im Praktikum
Waserl = österreichisch für schüchterner Mensch
Zores = hebräisch-jiddisch für Ärger

Bildnachweis

Archiv Autorin: S. 20, 43, 54, 56, 65, 95, 101, 114, 142, 144 und 145;
Zeichnung Helga Schimmer: S. 25;
Christian Reiter: S. 26, 27, 29, 30, 31, 32, 33, 35;
Erich Schuller: S. 111;
Ludwig von Meyer: S. 127